全国各类成人高考（高中起点升本、专科）

数学（理工农医类）应试模拟

Quanguo Gelei Chengren Gaokao
（Gaozhong Qidian Sheng Ben-zhuanke）
Shuxue（Li-gong-nong-yi Lei）
Yingshi Moni

（2013年版）

主编　王汉华
参编　白　翔　　刘万里　　范灵超　　贾龙春
　　　丁淑艳　　王徜祥　　刘雪莉

高等教育出版社·北京
HIGHER EDUCATION PRESS　BEIJING

图书在版编目(CIP)数据

数学(理工农医类)应试模拟：2013 年版／王汉华
主编. --北京：高等教育出版社,2013.5
全国各类成人高考.高中起点升本、专科
ISBN 978-7-04-037138-3

Ⅰ. ①数… Ⅱ. ①王… Ⅲ. ①数学-成人高等教育-
入学考试-习题集 Ⅳ. ①G723.46

中国版本图书馆 CIP 数据核字(2013)第 060166 号

策划编辑 李 宁　　责任编辑 雷旭波　　封面设计 杨立新　　版式设计 马敬茹
责任校对 张小镝　　责任印制 尤 静

出版发行	高等教育出版社	咨询电话	400-810-0598
社　　址	北京市西城区德外大街 4 号	网　　址	http://www.hep.edu.cn
邮政编码	100120		http://www.hep.com.cn
印　　刷	化学工业出版社印刷厂	网上订购	http://www.landraco.com
开　　本	787mm × 1092mm　1/16		http://www.landraco.com.cn
印　　张	7.75	版　　次	2013 年 5 月第 1 版
字　　数	180 千字	印　　次	2013 年 5 月第 1 次印刷
购书热线	010-58581118	定　　价	20.50 元

出版前言

为了满足广大考生复习备考的需求,本社组织作者新编了这套与《全国各类成人高考(高中起点升本、专科)复习指导丛书(第 17 版)》及《全国各类成人高考(高中起点升本、专科)复习冲刺阶段用书(2013 年版)》配套使用的《全国各类成人高考(高中起点升本、专科)应试模拟(2013 年版)》。

本丛书各科设计为 8 套模拟试卷。试卷严格按照《全国各类成人高等学校招生复习考试大纲(高中起点升本、专科)》所规定的题型、内容和难易比例编写,全面覆盖了《复习考试大纲》的考点。在每套试卷后,不仅给出了参考答案,而且还设有"解题指要",即扼要指出该题所考查的能力、解题方法及考生解题时应注意的问题等,旨在使考生通过做题而举一反三、融会贯通地掌握考试大纲所要求掌握的知识,把握成人高考命题的规律,为最终通过考试打下良好的基础。书后附有近五年的成人高考各科统考试题解析。作者在对各科试题逐题给出答案的同时,还对每道试题进行精要解析,以便考生把握命题趋向,掌握解题技巧,沉着应对考试。

本丛书包括以下 6 本:

《语文应试模拟》

《数学(文史财经类)应试模拟》

《数学(理工农医类)应试模拟》

《英语应试模拟》

《历史地理应试模拟》

《物理化学应试模拟》

我们恳切希望广大读者能就本套书的编写出版提出意见和建议,并衷心祝愿广大考生取得优异成绩!

高等教育出版社

2013 年 2 月

目 录

数学(理工农医类)模拟试卷(一)

本试卷分第Ⅰ卷(选择题)和第Ⅱ卷(非选择题)两部分.满分 150 分,考试时间 120 分钟.

第Ⅰ卷(选择题,共 85 分)

注意事项:

1. 答第Ⅰ卷前,考生务必将自己的姓名、准考证号、考试科目用铅笔涂写在答题卡上.

2. 每小题选出答案后,用铅笔把答题卡上对应题目的答案标号涂黑,如需改动,用橡皮擦干净后,再选涂其他答案,不能答在试卷上.

3. 考试结束,监考人将本试卷和答题卡一并收回.

4. 在本试卷中,$\tan \alpha$ 表示角 α 的正切,$\cot \alpha$ 表示角 α 的余切.

一、选择题:本大题共 17 小题,每小题 5 分,共 85 分.在每小题给出的四个选项中,只有一项是符合题目要求的.

(1) 函数 $y=\sqrt{1-\lg x}$ 的定义域为

(A) $\{x \mid x>0\}$ (B) $\{x \mid 0<x \leqslant 10\}$ (C) $\{x \mid x \leqslant 10\}$ (D) $\{x \mid 0<x<10\}$

(2) $(1+i)^4$ 的值是

(A) 2   (B) 2i   (C) 4   (D) -4

(3) 函数 $y=\log_{\frac{1}{2}}(x-1)$ $(x \in [2,5])$ 的最大值与最小值之和是

(A) -2 (B) -1 (C) 0   (D) 1

(4) 若向量 $\boldsymbol{a}=(1,2)$,$\boldsymbol{b}=(-3,4)$,则 $(\boldsymbol{a} \cdot \boldsymbol{b})(\boldsymbol{a}+\boldsymbol{b})$ 等于

(A) 20   (B) $(-10,30)$ (C) 54   (D) $(-8,24)$

(5) 棱长为 a 的正方体,其外接球的表面积为

(A) πa^2 (B) $4\pi a^2$ (C) $3\pi a^2$ (D) $12\pi a^2$

(6) 若 $P(2,-1)$ 为圆 $(x-1)^2+y^2=25$ 的弦 AB 的中点,则直线 AB 的方程是

(A) $x-y-3=0$ (B) $2x+y-3=0$ (C) $x+y-1=0$ (D) $2x-y-5=0$

(7) 已知 $y=f(x)$ $(x \in \mathbf{R})$ 是以 4 为周期的奇函数,且 $f(1)=1$,$f(3)=a$,则有

(A) $a=1$ (B) $a=2$ (C) $a=-1$ (D) $a=-2$

(8) 等差数列 $\{a_n\}$ 的公差 $d<0$,且 $a_2 \cdot a_4=12$,$a_2+a_4=8$,则数列 $\{a_n\}$ 的通项公式是

(A) $a_n=2n-2$ $(n \in \mathbf{N}^*)$ (B) $a_n=2n+4$ $(n \in \mathbf{N}^*)$

(C) $a_n=-2n+12$ $(n \in \mathbf{N}^*)$ (D) $a_n=-2n+10$ $(n \in \mathbf{N}^*)$

(9) 方程 $2x^2-5x+2=0$ 的两根可分别作为

(A) 一个椭圆和一个双曲线的离心率   (B) 两个抛物线的离心率

(C) 一个椭圆和一个抛物线的离心率   (D) 两个椭圆的离心率

(10) 甲、乙两人独立地解同一个问题,甲解决这个问题的概率是 P_1,乙解决这个问题的概

率是 P_2，那么其中至少有 1 人解决这个问题的概率是

（A）P_1+P_2 （B）P_1P_2

（C）$1-P_1P_2$ （D）$1-(1-P_1)(1-P_2)$

（11）$p:(x+3)^2+(y-4)^2=0$，$q:(x+3)(y-4)=0$，$x,y\in\mathbf{R}$，则 p 是 q 成立的

（A）充分而非必要条件   （B）必要而非充分条件

（C）充要条件   （D）既非充分也非必要条件

（12）5 个人排成一排，甲、乙相邻的不同排法有

（A）60 种   （B）48 种   （C）36 种   （D）24 种

（13）已知 $\sin\alpha=\dfrac{3}{5}$，且 $\alpha\in\left(\dfrac{\pi}{2},\pi\right)$，那么 $\dfrac{\sin 2\alpha}{\cos^2\alpha}$ 的值等于

（A）$-\dfrac{3}{4}$ （B）$-\dfrac{3}{2}$ （C）$\dfrac{3}{4}$ （D）$\dfrac{3}{2}$

（14）抛物线 $y=ax^2$ 的准线方程是 $y=2$，则 a 的值为

（A）$\dfrac{1}{8}$ （B）$-\dfrac{1}{8}$ （C）8   （D）-8

（15）一名同学投篮的命中率为 $\dfrac{2}{3}$，他连续投篮 3 次，其中恰有 2 次命中的概率为

（A）$\dfrac{2}{3}$ （B）$\dfrac{4}{27}$ （C）$\dfrac{2}{9}$ （D）$\dfrac{4}{9}$

（16）直线 $y=ax+2$ 与直线 $y=3x-b$ 关于直线 $y=x$ 对称，则

（A）$a=3,b=-2$ （B）$a=\dfrac{1}{3},b=6$ （C）$a=\dfrac{1}{3},b=\dfrac{1}{2}$ （D）$a=\dfrac{1}{3},b=-2$

（17）函数 $y=1+3x-x^3$ 有

（A）极小值 -1，极大值 1   （B）极小值 -2，极大值 3

（C）极小值 -2，极大值 2   （D）极小值 -1，极大值 3

第 II 卷（非选择题，共 65 分）

注意事项：

1. 用钢笔或圆珠笔直接答在试卷中.

2. 答卷前将密封线内的项目填写清楚.

题 号	二	三				总 分
		22	23	24	25	
分 数						

得分	评卷人

二、填空题:本大题共 4 小题,每小题 4 分,共 16 分.把答案填在题中横线上.

(18) 不等式 $\dfrac{5}{x+2} \geqslant 2$ 的解集是_____.

(19) 设 $(x+2)^4 = a_0 x^4 + a_1 x^3 + a_2 x^2 + a_3 x + a_4$,则 $a_4 = $_____.

(20) 函数 $y = 4\sin x \cos x$ 的最小正周期及最大值分别是_____.

(21) 曲线 $y = 2x^2 - 1$ 在点 $(1,1)$ 处的切线方程是_____.

三、解答题:本大题共 4 小题,共 49 分.解答应写出推理、演算步骤.

得分	评卷人

(22)(本小题满分 12 分)

已知函数 $f(x) = a\sin x \cos x - 2\cos^2 x + 1$ 的图像过点 $\left(\dfrac{\pi}{8}, 0\right)$.

(Ⅰ)求实数 a 的值;

(Ⅱ)若 $x \in \left[0, \dfrac{\pi}{2}\right)$,且 $f(x) = 1$,求 x 的值.

得分	评卷人

(23)(本小题满分 12 分)

已知 S_n 是等差数列 $\{a_n\}$ 的前 n 项和,且 $a_1 = -1$,$S_5 = 15$.

(Ⅰ)求 a_n;

(Ⅱ)令 $b_n = 2^{a_n}(n = 1, 2, 3, \cdots)$,计算 $\{b_n\}$ 的前 5 项和.

得分	评卷人

　　(24)(本小题满分 12 分)

　　已知抛物线 $C:x^2=2py$($p>0$)的焦点 F 在直线 $l:x-y+1=0$ 上.

　　(Ⅰ)求抛物线 C 的方程;

　　(Ⅱ)设直线 l 与抛物线 C 相交于 P,Q 两点,求线段 PQ 中点 M 的坐标.

得分	评卷人

　　(25)(本小题满分 13 分)

　　已知函数 $f(x)=-x^3+ax$($a>0$),求函数 $f(x)$ 的单调区间.

数学(理工农医类)模拟试卷(一)参考答案及解题指要

一、选择题

(1)【参考答案】 (B)

$1-\lg x \geq 0$,即 $\lg x \leq 1$,解得 $0 < x \leq 10$.

【解题指要】 本题考查二次根式的概念和对数函数的单调性.

需要注意的是,在考虑对数函数的单调性的同时应注意对数函数的定义域,不误选(C).

(2)【参考答案】 (D)

$$(1+i)^4 = \left[(1+i)^2\right]^2 = (2i)^2 = -4.$$

【解题指要】 本题考查复数运算.在复数运算中,要记住:

① "i"的运算的周期性:

$$i^{4n} = 1, \quad i^{4n+1} = i, \quad i^{4n+2} = -1, \quad i^{4n+3} = -i.$$

② $(1+i)^2 = 2i, (1-i)^2 = -2i.$

(3)【参考答案】 (A)

令 $t = x-1$,则 $y = \log_{\frac{1}{2}} t$.

因为 $x \in [2,5]$,所以 $t \in [1,4]$,则知 $\log_{\frac{1}{2}} t \in [-2,0]$,即 $y \in [-2,0]$,所以 $y_{\max} = 0, y_{\min} = -2$,故最大值与最小值之和是 -2.

【解题指要】 本题考查函数值域的求法,一般采用直接法求解.

(4)【参考答案】 (B)

$$(\boldsymbol{a} \cdot \boldsymbol{b})(\boldsymbol{a} + \boldsymbol{b}) = \left[(1,2) \cdot (-3,4)\right]\left[(1,2) + (-3,4)\right]$$
$$= (-3+8)(-2,6) = 5(-2,6) = (-10,30).$$

【解题指要】 本题考查向量的运算.向量数量积的结果是实数,向量和数的乘积的结果是向量.

(5)【参考答案】 (C)

若正方体的棱长为 a,则其外接球的直径为正方体对角线的长 $\sqrt{3}a$,所以外接球半径为 $\frac{\sqrt{3}}{2}a$,外接球的表面积为

$$4\pi r^2 = 4\pi \left(\frac{\sqrt{3}}{2}a\right)^2 = 3\pi a^2.$$

【解题指要】 本题考查正方体和球的相关知识.

(6)【参考答案】 (A)

根据垂径定理知直线 AB 的斜率应为圆心 $(1,0)$ 和 $P(2,-1)$ 两点所在直线斜率的负倒数,即为 1,所以直线 AB 的方程为 $y+1 = x-2$,即 $x-y-3 = 0$.

【解题指要】 本题考查直线和圆的相关知识.

(7)【参考答案】 (C)

因为 $f(x)$ 是以 4 为周期的奇函数,所以

$$f(3)=f(3-4)=f(-1)=-f(1),$$

即 $a=-f(1)$.

又 $f(1)=1$,所以 $f(-1)=-1$,即 $a=-1$.

【解题指要】 本题考查函数的奇偶性和周期性.

(8)**【参考答案】** (D)

因为公差 $d<0$,且 $a_2=a_1+d$, $a_4=a_1+3d$,所以

$$\begin{cases}(a_1+d)(a_1+3d)=12,\\(a_1+d)+(a_1+3d)=8,\end{cases}\text{解得}\begin{cases}d=-2,\\a_1=8,\end{cases}$$

所以

$$a_n=a_1+(n-1)d=8+(n-1)(-2)=-2n+10\ (n\in\mathbf{N}^*).$$

【解题指要】 本题考查等差数列的通项公式.

本题也可这样求解:因为 $a_2+a_4=8$,所以 $2a_3=8$,解得 $a_3=4$.

又因为 $a_2\cdot a_4=12$,所以

$$(a_3-d)(a_3+d)=12,\text{即}16-d^2=12,$$

因为 $d<0$,所以 $d=-2$.又

$$a_n=a_m+(n-m)d,$$

所以

$$\begin{aligned}a_n&=a_3+(n-3)d\\&=4+(n-3)(-2)\\&=10-2n\ (n\in\mathbf{N}^*).\end{aligned}$$

(9)**【参考答案】** (A)

解方程 $2x^2-5x+2=0$,得 $x_1=2$, $x_2=\dfrac{1}{2}$.由椭圆、双曲线的离心率的取值范围可知应选(A).

【解题指要】 本题考查离心率的相关知识.椭圆离心率的取值范围是 $(0,1)$,双曲线离心率的取值范围是 $(1,+\infty)$,抛物线的离心率为1.

(10)**【参考答案】** (D)

【解题指要】 本题考查独立事件同时发生的概率.甲不能解决问题的概率为 $1-P_1$,乙不能解决问题的概率为 $1-P_2$,因此,两人都不能独立解决问题的概率为 $(1-P_1)(1-P_2)$,从而其中至少有1人解决这个问题的概率为 $1-(1-P_1)(1-P_2)$.

(11)**【参考答案】** (A)

$$p:x=-3\text{ 且 }y=4,q:x=-3\text{ 或 }y=4,$$

则 $p\Rightarrow q$,但 $q\not\Rightarrow p$,所以 p 是 q 的充分而不必要条件,故选(A).

【解题指要】 本题考查两个命题的关系的判定.解决这类问题关键是要抓住充分条件和必要条件的定义.本题中需要将命题 p, q 化简再进行推理.

(12)**【参考答案】** (B)

把甲、乙两人看做一个人,则共有4人,不同排法有 A_4^4 种.又甲、乙两人可交换位置.共有 A_2^2 种排法,所以,总共有 $A_4^4\cdot A_2^2=48$ 种排法,故选(B).

【解题指要】 本题考查排列组合的相关知识.对于相邻问题可采用捆绑法比较方便求解.

(13)**【参考答案】** (B)

因为 $\sin\alpha=\dfrac{3}{5}$,$\alpha\in\left(\dfrac{\pi}{2},\pi\right)$,所以 $\cos\alpha=-\dfrac{4}{5}$,则

$$\tan\alpha=\frac{\sin\alpha}{\cos\alpha}=-\frac{3}{4},$$

故

$$\frac{\sin 2\alpha}{\cos^2\alpha}=\frac{2\sin\alpha\cos\alpha}{\cos^2\alpha}=2\tan\alpha=-\frac{3}{2}.$$

【解题指要】 本题考查三角函数求值和二倍角公式. 同角三角函数比较重要的公式有: $\sin^2\alpha+\cos^2\alpha=1$,$\tan\alpha=\dfrac{\sin\alpha}{\cos\alpha}$,$\cot\alpha=\dfrac{\cos\alpha}{\sin\alpha}$,$\tan\alpha\cdot\cot\alpha=1$,其中利用 $\sin\alpha=\pm\sqrt{1-\cos^2\alpha}$ 或 $\cos\alpha=\pm\sqrt{1-\sin^2\alpha}$ 时,要根据 α 所在象限取舍正负号. 比较重要的二倍角公式有: $\sin 2\alpha=2\sin\alpha\cos\alpha$,$\cos 2\alpha=2\cos^2\alpha-1=1-2\sin^2\alpha=\cos^2\alpha-\sin^2\alpha$,$\tan 2\alpha=\dfrac{2\tan\alpha}{1-\tan^2\alpha}$. 由二倍角的余弦公式还可以变形出 $\sin^2\alpha=\dfrac{1-\cos 2\alpha}{2}$ 和 $\cos^2\alpha=\dfrac{1+\cos 2\alpha}{2}$,这两个公式称为降幂公式,解题中经常用到.

(14)**【参考答案】** (B)

由 $y=ax^2$ 得 $x^2=\dfrac{1}{a}y$,所以准线方程为 $y=-\dfrac{1}{4a}$. 又因为准线方程为 $y=2$,所以

$$-\frac{1}{4a}=2,\text{得 } a=-\frac{1}{8}.$$

【解题指要】 本题考查抛物线的标准方程及其相关几何性质. 抛物线的标准方程形式:二次项在等号左边,一次项在等号右边,故 $y=ax^2$ 首先应转化为标准方程 $x^2=\dfrac{1}{a}y$,再去研究其相关几何性质.

(15)**【参考答案】** (D)

$$p=\mathrm{C}_3^2\left(\frac{2}{3}\right)^2\left(1-\frac{2}{3}\right)^1=3\times\frac{4}{9}\times\frac{1}{3}=\frac{4}{9}.$$

【解题指要】 本题考查 n 次独立重复事件概率的计算方法.

(16)**【参考答案】** (B)

由 $y=ax+2$ 得 $x=\dfrac{1}{a}y-\dfrac{2}{a}$,即其反函数为

$$y=\frac{1}{a}x-\frac{2}{a}. \tag{①}$$

①式与 $y=3x-b$ 为同一函数,故有

$$\frac{1}{a}=3,\quad -\frac{2}{a}=-b,$$

解得

$$a=\frac{1}{3},\quad b=6.$$

【解题指要】 本题考查反函数的求法. 求反函数要先"倒":即把 x 用 y 表示;然后"换":即 x 换成 y,y 换成 x;最后"注":注明反函数的定义域(即原函数的值域).

(17)**【参考答案】** (D)

由于 $y'=3-3x^2$，$x=\pm1$ 时 $y'=0$，且 $x<-1$ 时 $y'<0$；$-1<x<1$ 时 $y'>0$；$x>1$ 时 $y'<0$. 故 $x=-1$ 时，y 取极小值 -1；$x=1$ 时，y 取极大值 3.

【解题指要】 本题考查导数的应用. 注意导数值为 0 的点，需它的"左邻"和"右邻"的导数异号，才能判断其为极值点，若两侧导数同号则不行. 例如 $y=x^3$，$y'=3x^2$，当 $x=0$ 时，虽然 $y'=0$，但是 $x>0$ 时 $y'>0$，$x<0$ 时 $y'>0$，所以 $(0,0)$ 点不是该函数的极值点. 导数"左负右正"，为极小值点；导数"左正右负"，为极大值点.

二、填空题

（18）**【参考答案】** $\left\{x\left|-2<x\leqslant\dfrac{1}{2}\right.\right\}$

因为
$$\frac{5}{x+2}\geqslant2\Leftrightarrow\frac{5-2x-4}{x+2}\geqslant0\Leftrightarrow\frac{1-2x}{x+2}\geqslant0$$

$$\Leftrightarrow\begin{cases}(x+2)(2x-1)\leqslant0,\\x+2\neq0\end{cases}\Leftrightarrow\begin{cases}-2\leqslant x\leqslant\dfrac{1}{2},\\x\neq-2\end{cases}$$

$$\Leftrightarrow-2<x\leqslant\frac{1}{2},$$

所以解集为 $\left\{x\left|-2<x\leqslant\dfrac{1}{2}\right.\right\}$.

【解题指要】 本题考查分式不等式的解法，其基本步骤如下：① 移项；② 通分；③ 转化为整式不等式.

求解本题时要注意分母不为 0 这一条件.

（19）**【参考答案】** 16

根据二项式定理，可知 $a_4=2^4=16$.

【解题指要】 本题考查二项式定理.

（20）**【参考答案】** $\pi,2$

$$y=4\sin x\cos x=2\cdot2\sin x\cos x=2\sin2x,$$

所以
$$T=\frac{2\pi}{2}=\pi,\quad y_{\max}=2.$$

【解题指要】 本题考查二倍角的正弦公式、三角函数的周期与最值等知识.

（21）**【参考答案】** $4x-y-3=0$

因为 $y'=(2x^2-1)'=4x$，所以 $y'\big|_{x=1}=4$，故所求切线方程为
$$y-1=4(x-1),$$
即
$$4x-y-3=0.$$

【解题指要】 本题考查导数的几何意义和直线方程的求法.

三、解答题

（22）**【参考答案】** 解　（Ⅰ）因为 $\left(\dfrac{\pi}{8},0\right)$ 在 $f(x)$ 的图像上，而

$$f(x) = a\sin x\cos x - 2\cos^2 x + 1$$

$$= \frac{1}{2}a\sin 2x - (2\cos^2 x - 1)$$

$$= \frac{1}{2}a\sin 2x - \cos 2x,$$

所以

$$0 = \frac{1}{2}a\sin \frac{\pi}{4} - \cos \frac{\pi}{4},$$

即

$$\frac{1}{2}a \cdot \frac{\sqrt{2}}{2} - \frac{\sqrt{2}}{2} = 0, 解得 a = 2.$$

（Ⅱ）因为 $f(x) = 1$，即

$$f(x) = 2\sin x\cos x - (2\cos^2 x - 1)$$

$$= \sin 2x - \cos 2x = 1,$$

所以

$$\frac{\sqrt{2}}{2}\sin 2x - \frac{\sqrt{2}}{2}\cos 2x = \frac{\sqrt{2}}{2},$$

即

$$\sin\left(2x - \frac{\pi}{4}\right) = \frac{\sqrt{2}}{2}.$$

因为 $x \in \left(0, \frac{\pi}{2}\right)$，所以 $2x - \frac{\pi}{4} \in \left(-\frac{\pi}{4}, \frac{3\pi}{4}\right)$，则有

$$2x - \frac{\pi}{4} = \frac{\pi}{4}, 即 x = \frac{\pi}{4}.$$

【解题指要】　本题考查二倍角的正弦公式和余弦公式,考查两角差的三角函数公式.本题在利用辅助角求解 x 值时,利用 $x \in \left(0, \frac{\pi}{2}\right)$ 的条件确定 $2x - \frac{\pi}{4}$ 的范围,再根据 $\sin\left(2x - \frac{\pi}{4}\right) = \frac{\sqrt{2}}{2}$ 确定 $2x - \frac{\pi}{4} = \frac{\pi}{4}$,从而求出 x. 这是已知三角函数值求角的一般过程.

(23)【参考答案】　解　（Ⅰ）设数列 $\{a_n\}$ 的公差为 d,则有

$$S_5 = 5a_1 + \frac{1}{2} \times 5 \times 4 \times d = 15.$$

把 $a_1 = -1$ 代入上式,得 $d = 2$,因此

$$a_n = -1 + 2 \cdot (n-1) = 2n - 3.$$

（Ⅱ）根据 $b_n = 2^{a_n}$,知

$$b_1 = 2^{-1} = \frac{1}{2}, \quad b_2 = 2^1 = 2, \quad b_3 = 8, \quad b_4 = 32, \quad b_4 = 128,$$

所以

$$S_5 = \frac{1}{2} + 2 + 8 + 32 + 128 = \frac{341}{2}.$$

【解题指要】　本题考查等差数列和等比数列的基本知识.

(24)【参考答案】　解　（Ⅰ）由抛物线方程 $x^2 = 2py(p>0)$ 为标准方程,知其焦点在 y 轴正半轴上. 在直线 $x - y + 1 = 0$ 中,令 $x = 0$,得焦点坐标为 $F(0,1)$,所以 $\frac{p}{2} = 1$,即 $p = 2$,故抛物线 C 的方程是 $x^2 = 4y$.

（Ⅱ）设 P,Q 的坐标分别为 $(x_1,y_1),(x_2,y_2)$.

由方程组 $\begin{cases} x-y+1=0, \\ x^2=4y, \end{cases}$ 消去 y，得

$$x^2-4x-4=0,$$

所以 $\Delta=32>0$，$x_1+x_2=4$，$x_1x_2=-4$，

故线段 PQ 中点 M 的横坐标为

$$x_M=\frac{x_1+x_2}{2}=2,$$

代入直线 l 的方程，得 M 的纵坐标为 $y_M=3$，所以线段 PQ 中点 M 的坐标为 $(2,3)$.

    【解题指要】   本题考查抛物线和直线的相关知识.

（25）**【参考答案】**   **解** $a>0$ 时，令 $f'(x)=-3x^2+a=0$，得 $x=\pm\sqrt{\dfrac{a}{3}}=\pm\dfrac{\sqrt{3a}}{3}$.

当 $x<-\dfrac{\sqrt{3a}}{3}$ 或 $x>\dfrac{\sqrt{3a}}{3}$ 时，$f'(x)<0$；当 $-\dfrac{\sqrt{3a}}{3}<x<\dfrac{\sqrt{3a}}{3}$ 时，$f'(x)>0$. 所以 $f(x)$ 的单调递减区间

是 $\left(-\infty,-\dfrac{\sqrt{3a}}{3}\right)$ 与 $\left(\dfrac{\sqrt{3a}}{3},+\infty\right)$；单调递增区间是 $\left(-\dfrac{\sqrt{3a}}{3},\dfrac{\sqrt{3a}}{3}\right)$.

    【解题指要】   本题考查导数的应用. 三次函数的导数为二次函数. 一般地，若此二次函数有两个零点（即 $f'(x)=0$ 有两个不等实根），$y=f'(x)$ 开口向上时，x 介于两根之间的区间为单调递减区间，其余两个区间为单调递增区间；$y=f'(x)$ 开口向下时，x 介于两根之间的区间为单调递增区间，其余两个区间为单调递减区间.

数学(理工农医类)模拟试卷(二)

本试卷分第 I 卷(选择题)和第 II 卷(非选择题)两部分. 满分 150 分,考试时间 120 分钟.

第 I 卷 (选择题,共 85 分)

注意事项:

1. 答第 I 卷前,考生务必将自己的姓名、准考证号、考试科目用铅笔涂写在答题卡上.

2. 每小题选出答案后,用铅笔把答题卡上对应题目的答案标号涂黑,如需改动,用橡皮擦干净后,再选涂其他答案,不能答在试卷上.

3. 考试结束,监考人将本试卷和答题卡一并收回.

4. 在本试卷中,$\tan \alpha$ 表示角 α 的正切,$\cot \alpha$ 表示角 α 的余切.

一、选择题:本大题共 17 小题,每小题 5 分,共 85 分. 在每小题给出的四个选项中,只有一项是符合题目要求的.

(1) 设集合 $A=\{1,2,3\}$,$B=\{2,3\}$,$C=\{1,3,4\}$,则 $(A\cap B)\cup C$ 等于

(A) $\{1,2,3\}$　　　(B) $\{1,2,4\}$　　　(C) $\{1,3,4\}$　　　(D) $\{1,2,3,4\}$

(2) 下列函数中既是奇函数,又在区间 $(0,+\infty)$ 内单调递增的是

(A) $y=\sin x$　　(B) $y=-x^2$　　(C) $y=x\lg 2$　　(D) $y=-x^3$

(3) 下列函数中,最小正周期为 π 的是

(A) $y=\sin 2x$　　(B) $y=\sin x$　　(C) $y=\cos x$　　(D) $y=\tan \dfrac{x}{2}$

(4) 已知点 $(a,2)$ $(a>0)$ 到直线 $l:x-y+3=0$ 的距离为 1,则 a 等于

(A) $\sqrt{2}$　　(B) $2-\sqrt{2}$　　(C) $\sqrt{2}-1$　　(D) $\sqrt{3}$

(5) 函数 $f(x)=\lg(x^2-x)$ 的定义域是

(A) $(-\infty,0)$　　(B) $(0,1)$　　(C) $(1,+\infty)$　　(D) $(-\infty,0)\cup(1,+\infty)$

(6) 设复数 $z=1+\sqrt{2}\,\mathrm{i}$,则 $z^2-2z=$

(A) -3　　(B) 3　　(C) $-3\mathrm{i}$　　(D) $3\mathrm{i}$

(7) 某袋中装有 4 个形状相同且分别标以号码 1,2,3,4 的小球,从中任意摸出两球,恰好摸出 1 号、2 号两球的概率是

(A) $\dfrac{1}{2}$　　(B) $\dfrac{1}{3}$　　(C) $\dfrac{1}{4}$　　(D) $\dfrac{1}{6}$

(8) 设向量 $\boldsymbol{a}=(-1,2)$,$\boldsymbol{b}=(2,-1)$,则 $(\boldsymbol{a}\cdot\boldsymbol{b})(\boldsymbol{a}+\boldsymbol{b})$ 等于

(A) $(1,1)$　　(B) $(-4,-4)$　　(C) -4　　(D) $(-2,-2)$

(9) $\left(x+\dfrac{1}{x}\right)^9$ 展开式中的第 4 项为

(A) $56x^3$　　(B) $84x^3$　　(C) $56x^4$　　(D) $84x^4$

(10) 已知 $\sin\theta>0,\tan\theta<0$,则 θ 是

(A) 第一象限角　　(B) 第二象限角　　(C) 第三象限角　　(D) 第四象限角

(11) 若函数 $f(x)=ax^2+2ax$ $(a>0)$,则下列式子正确的是

(A) $f(-2)>f(1)$　　　　　　　　(B) $f(-2)<f(1)$

(C) $f(-2)=f(1)$　　　　　　　　(D) 不能确定 $f(-2)$ 和 $f(1)$ 的大小

(12) 函数 $y=x^3-3x$ 在 $[-1,2]$ 上的最小值为

(A) 2　　　　　(B) -2　　　　　(C) 0　　　　　(D) -4

(13) 设 $a=\log_{0.5}6,b=\log_2 4.3,c=\log_2 5.6$,则 a,b,c 的大小关系为

(A) $b<c<a$　　(B) $a<c<b$　　(C) $a<b<c$　　(D) $c<b<a$

(14) 已知数列 $\{a_n\}$ 是等比数列,且 $a_n>0,a_2a_4+2a_3a_5+a_4a_6=25$,那么 a_3+a_5 的值等于

(A) 5　　　　　(B) 10　　　　　(C) 15　　　　　(D) 20

(15) 函数 $y=\sin\left(x+\dfrac{\pi}{4}\right)$ 图像的一条对称轴是

(A) 直线 $x=0$　　(B) 直线 $x=\dfrac{\pi}{2}$　　(C) 直线 $x=-\dfrac{\pi}{4}$　　(D) 直线 $x=\dfrac{5\pi}{4}$

(16) 以下四对直线中,互相平行的是

(A) $y=3x+4,2x-6y+1=0$　　　　(B) $y=x,3x-3y-10=0$

(C) $3x+4y=5,6x-8y=7$　　　　　(D) $x-y-1=0,x+3y+6=0$

(17) 函数 $f(x)=4x^2-mx+5$ 在区间 $[-2,+\infty)$ 上是增函数,则 $f(1)$ 的取值范围是

(A) $[25,+\infty)$　　(B) $\{25\}$　　(C) $(-\infty,25]$　　(D) $(25,+\infty)$

第 II 卷(非选择题,共 65 分)

注意事项:

1. 用钢笔或圆珠笔直接答在试卷中.

2. 答卷前将密封线内的项目填写清楚.

题　号	二	三				总　分
		22	23	24	25	
分　数						

得分	评卷人

二、填空题:本大题共 4 小题,每小题 4 分,共 16 分.把答案填在题中横线上.

(18) 在等比数列 $\{a_n\}$ 中,已知 $a_1=48,a_7=\dfrac{3}{4}$,那么公比 q 等于_____.

(19) 在 $\triangle ABC$ 中,$\sin A:\sin B:\sin C=2:3:4$,则 $\cos C$ 的值是_____.

(20) 若 $\lim\limits_{x\to 1}\dfrac{x^3+ax+3}{x^3+3}=2$,则 $a=$_____.

(21) 设随机变量 ξ 的分布列如下表所示,且 $b-a=0.2$,则 $E\xi=$ _____.

ξ	0	1	2	3
P	0.1	a	b	0.1

三、**解答题**:本大题共 4 小题,共 49 分.解答应写出推理、演算步骤.

得分	评卷人

（22）（本小题满分 12 分）

在 $\triangle ABC$ 中,$AB=\sqrt{2}$,$BC=1$,$\cos C=\dfrac{3}{4}$.

（Ⅰ）求 $\sin A$ 的值;

（Ⅱ）求 AC.

得分	评卷人

（23）（本小题满分 12 分）

已知 $\{a_n\}$ 是等差数列,$a_2=5$,$a_5=14$.

（Ⅰ）求 $\{a_n\}$ 的通项公式;

（Ⅱ）设 $\{a_n\}$ 的前 n 项和 $S_n=155$,求 n 的值.

得分	评卷人

(24)（本小题满分 12 分）

已知 $f(x) = ax^3 + bx^2 + cx$ $(a \neq 0)$ 在 $x = \pm 1$ 时取得极值,且 $f(1) = -1$.

（Ⅰ）求常数 a, b, c 的值;

（Ⅱ）试判断在 $x = \pm 1$ 时函数取得极小值还是极大值,并说明理由.

得分	评卷人

(25)（本小题满分 13 分）

椭圆 $\dfrac{x^2}{36} + \dfrac{y^2}{9} = 1$ 的一条弦被点 $P(4,2)$ 所平分,求此弦所在直线方程.

数学(理工农医类)模拟试卷(二)参考答案及解题指要

一、选择题

(1)【参考答案】 (D)

$$(A \cap B) \cup C = \{2,3\} \cup \{1,3,4\} = \{1,2,3,4\}.$$

【解题指要】 本题主要考查集合的运算.本题中的集合均以列举法给出,因此计算较容易.要注意运算的次序,对于$(A \cap B) \cup C$,应先计算$A \cap B$,然后再与集合C取并集.

(2)【参考答案】 (C)

选项(A)中,$y = \sin x$在$(0, +\infty)$内不具有单调性;选项(B)中,$y = -x^2$是偶函数;选项(C)中,$y = x \lg 2$是奇函数,且在$(-\infty, +\infty)$内为增函数,故在$(0, +\infty)$内也是增函数;对于选项(D),$y = -x^3$是奇函数,在$(-\infty, +\infty)$内为减函数.

【解题指要】 本题考查考生对函数的奇偶性和单调性的理解.对函数性质的考查是函数部分考查的重点,对于常见函数的性质应熟练掌握.对奇偶性的判断通常是利用定义或借助于函数的图像,而对单调性的判断可以利用定义、图像、复合函数等.

(3)【参考答案】 (A)

函数$y = \sin 2x$的最小正周期为$\dfrac{2\pi}{2} = \pi$;函数$y = \sin x$的最小正周期为$\dfrac{2\pi}{1} = 2\pi$;函数$y = \cos x$的最小正周期为$\dfrac{2\pi}{1} = 2\pi$;函数$y = \tan \dfrac{x}{2}$的最小正周期为$\dfrac{\pi}{\frac{1}{2}} = 2\pi$.故选(A).

【解题指要】 本题考查考生对三角函数周期性的掌握情况.$y = A\sin(\omega x + \varphi)$ $(\omega \neq 0)$的最小正周期为$\dfrac{2\pi}{|\omega|}$;$y = A\cos(\omega x + \varphi)$ $(\omega \neq 0)$的最小正周期为$\dfrac{2\pi}{|\omega|}$;$y = \tan \omega x$ $(\omega \neq 0)$的最小正周期为$\dfrac{\pi}{|\omega|}$.

(4)【参考答案】 (C)

由点到直线的距离公式可得:

$$1 = \frac{|a - 2 + 3|}{\sqrt{1^2 + (-1)^2}},$$

解得$a = \sqrt{2} - 1$或$a = -\sqrt{2} - 1$(小于0,舍去).故应选(C).

【解题指要】 本题考查点到直线的距离公式.平面内一点(x_0, y_0)到直线$Ax + By + C = 0$的距离d为:

$$d = \frac{|Ax_0 + By_0 + C|}{\sqrt{A^2 + B^2}}.$$

应用公式时要将直线方程化为一般式.

(5)【参考答案】 (D)

由已知得 $x^2-x>0$，即 $x(x-1)>0$，解得 $x<0$ 或 $x>1$，应选(D).

【解题指要】　本题考查对数函数的定义域及解一元二次不等式的基本知识.

函数的定义域是成人高考中重要的考点. 对数函数 $f(x)=\log_a x$（$a>0$ 且 $a\neq1$）的定义域为 $(0,+\infty)$，故本题有 $x^2-x>0$.

一元二次不等式的解法也是成人高考考查的重点,要熟练掌握,主要是利用一元二次方程及一元二次函数的知识结合函数的图像进行求解.

(6)**【参考答案】**　(A)

$$z^2-2z=(1+\sqrt{2}i)^2-2(1+\sqrt{2}i)=1-2+2\sqrt{2}i-2-2\sqrt{2}i=-3.$$

【解题指要】　本题主要考查考生对复数运算的掌握情况. 复数的乘法法则类似于多项式的乘法法则,注意 $i^2=-1$.

(7)**【参考答案】**　(D)

从 4 个球中任取两个球,共有 $C_4^2=6$ 种方法,而恰好摸出 1 号、2 号两球的方法只有 1 种,故概率为 $\dfrac{1}{C_4^2}=\dfrac{1}{6}$，应选(D).

【解题指要】　本题考查概率的基本知识,是最基本的古典概型.

(8)**【参考答案】**　(B)

$$(\boldsymbol{a}\cdot\boldsymbol{b})(\boldsymbol{a}+\boldsymbol{b})=[(-1)\times2+2\times(-1)](-1+2,2-1)=-4(1,1)=(-4,-4).$$

应选(B).

【解题指要】　本题考查考生对平面向量坐标运算的掌握情况. 向量的运算有加法、减法、数乘及向量的内积运算等,应分清各种运算之间的区别,熟练掌握各种运算法则.

(9)**【参考答案】**　(B)

由二项式定理知,$\left(x+\dfrac{1}{x}\right)^9$ 展开式中的第 4 项应为

$$T_4=T_{3+1}=C_9^3 x^{9-3}\left(\dfrac{1}{x}\right)^3=84x^3,$$

应选(B).

【解题指要】　本题考查二项式定理的基础知识. 考生应记清定理的内容,熟悉二项式 $(a+b)^n$ 展开式的通项公式：$T_{r+1}=C_n^r a^{n-r}b^r$.

(10)**【参考答案】**　(B)

由 $\sin\theta>0$ 知 θ 在第一、二象限,由 $\tan\theta<0$ 知 θ 在第二、四象限,故 θ 应在第二象限,应选(B).

【解题指要】　三角函数值的符号是重要的考点,也是三角函数部分的基础知识,考生要能根据角所在象限判断其三角函数值的符号,也要能根据三角函数值的符号判断角所在象限.

(11)**【参考答案】**　(B)

解法1　由 $a>0$，二次函数的图像开口向上,对称轴为 $x=-\dfrac{2a}{2a}=-1$，所以 $f(-2)<f(1)$.

解法2　$f(-2)=4a-4a=0$，$f(1)=a+2a=3a>0$，所以 $f(-2)<f(1)$.

【解题指要】　本题考查一元二次函数的知识.在研究二次函数的过程中,要充分利用二次函数的图像辅助研究.

(12)【参考答案】　(B)

由 $y = x^3 - 3x$ 得 $y' = 3x^2 - 3$.

令 $y' = 0$,则 $x^2 - 1 = 0$,解得 $x = \pm 1$.

令 $f(x) = x^3 - 3x$,则

$$f(-1) = -1 + 3 = 2, f(1) = 1 - 3 = -2, f(2) = 8 - 6 = 2,$$

所以最小值为 -2,最大值为 2.

【解题指要】　本题考查利用导函数求给定区间上函数最值的方法.只需研究区间端点值与极值,其中最大的为最大值,最小的为最小值.

(13)【参考答案】　(C)

由 $y = \log_2 x$ 为 $x \in (0, +\infty)$ 内的增函数,可知

$$\log_2 5.6 > \log_2 4.3 > \log_2 1 = 0,$$

而 $y = \log_{\frac{1}{2}} x$ 为 $x \in (0, +\infty)$ 内的减函数,可知

$$\log_{0.5} 6 < \log_{0.5} 1 = 0,$$

所以

$$\log_2 5.6 > \log_2 4.3 > \log_{0.5} 6.$$

【解题指要】　本题考查对数函数的单调性.

(14)【参考答案】　(A)

因为

$$a_2 a_4 = \frac{a_3}{q} \cdot a_3 q = a_3^2,$$

$$a_4 a_6 = \frac{a_5}{q} \cdot a_5 q = a_5^2,$$

所以 $(a_3 + a_5)^2 = 25$. 又 $a_n > 0$,所以 $a_3 + a_5 = 5$.

【解题指要】　本题考查考生对等比数列有关知识的理解与应用.

对于等比数列:

① 通项公式: $a_n = a_1 q^{n-1}$.

推广为: $a_n = a_m q^{n-m}$ $(n, m \in \mathbf{N}^*)$.

② 若 $m + n = p + q$ $(m, n, p, q \in \mathbf{N}^*)$,则 $a_m a_n = a_p a_q$.

(15)【参考答案】　(D)

$y = \sin\left(x + \dfrac{\pi}{4}\right)$,令 $x + \dfrac{\pi}{4} = \dfrac{3\pi}{2}$,可得答案(D).

【解题指要】　$y = \sin\left(x + \dfrac{\pi}{4}\right)$ 的对称轴应使函数取得最大值或最小值.据此,将四个选项分别代入函数 y 中,知: $x = \dfrac{5\pi}{4}$ 时, $y_{\min} = -\sqrt{2}$.

本题考查三角函数的图像和性质.

(16)【参考答案】　(B)

$y = x$ 的斜率为 1; $3x - 3y - 10 = 0$ 即为 $y = x - \dfrac{10}{3}$,斜率也是 1,所以两条直线平行.

【解题指要】 本题考查两条直线平行的判定.两条不重合的直线 $A_1x+B_1y+C_1=0$ 和 $A_2x+B_2y+C_2=0$,如果有 $A_1A_2+B_1B_2=0$,则两直线垂直;如果有 $A_1B_2-A_2B_1=0$,则两直线平行.

(17)【参考答案】 (A)

$f(x)=4x^2-mx+5$ 在 $[-2,+\infty)$ 上为增函数,故有

$$-2\geqslant \frac{-m}{8}, m\leqslant -16, -m\geqslant 16,$$

所以 　　　　　　　　　$f(1)=4-m+5=9-m\geqslant 25$,即 $f(1)\in[25,+\infty)$.

【解题指要】 本题考查二次函数的单调性和简单不等式的相关知识.

二、填空题

(18)【参考答案】 $\pm\frac{1}{2}$

设公比为 q,则有 $a_7=a_1\cdot q^6, \frac{3}{4}=48\cdot q^6$,得 $q^6=\frac{1}{64}, q^2=\frac{1}{4}$,得 $q=\pm\frac{1}{2}$.

【解题指要】 本题主要考查等比数列的通项公式.考生应熟练应用等差数列、等比数列的通项公式.

(19)【参考答案】 $-\frac{1}{4}$

在 $\triangle ABC$ 中,有 　　　　　　 $\frac{a}{\sin A}=\frac{b}{\sin B}=\frac{c}{\sin C}$.

又 　　　　　　　　　　　　 $\sin A:\sin B:\sin C=2:3:4$,

不妨设 $a=2k, b=3k, c=4k$ $(k>0)$,则

$$\cos C=\frac{a^2+b^2-c^2}{2ab}=\frac{4k^2+9k^2-16k^2}{2\times 2k\times 3k}=-\frac{1}{4}.$$

【解题指要】 本题考查正弦定理、余弦定理的应用.

(20)【参考答案】 4

依题意,有 　　　　　　　 $\frac{1+a+3}{1+3}=2$,得 $a=4$.

初等函数在其定义域内有 $\lim\limits_{x\to x_0}f(x)=f(x_0)$,故 $x=1$ 可直接代入求值.

【解题指要】 本题考查函数极限的求法.

(21)【参考答案】 1.6

由分布列的性质有

$$0.1+a+b+0.1=1,即 a+b=0.8.$$

又 $b-a=0.2$,所以 $a=0.3, b=0.5$,则有

$$E\xi=0\times 0.1+1\times a+2\times b+3\times 0.1=0.3+1+0.3=1.6.$$

【解题指要】 本题考查数学期望的求法.

三、解答题

(22)【参考答案】 解 (Ⅰ)因为 $\cos C=\frac{3}{4}, C\in(0,\pi)$,所以 $\sin C=\frac{\sqrt 7}{4}$.

因为在 $\triangle ABC$ 中，$\dfrac{BC}{\sin A}=\dfrac{AB}{\sin C}$，所以 $\dfrac{1}{\sin A}=\dfrac{\sqrt{2}}{\frac{\sqrt{7}}{4}}$，$\sin A=\dfrac{\sqrt{14}}{8}$.

（Ⅱ）设 $AC=x\ (x>0)$. 在 $\triangle ABC$ 中，
$$AB^2=BC^2+AC^2-2BC\cdot AC\cdot\cos C.$$

因为 $AB=\sqrt{2}$，$BC=1$，$\cos C=\dfrac{3}{4}$，

所以 $$(\sqrt{2})^2=1+x^2-2\times1\times x\times\dfrac{3}{4},$$

整理得 $2x^2-3x-2=0$，解得 $x_1=2$，$x_2=-\dfrac{1}{2}$（舍去），所以 $AC=2$.

【解题指要】 本题主要考查解三角形的有关知识，主要是应用正弦定理、余弦定理进行求解.

（23）【参考答案】 解 （Ⅰ）设等差数列 $\{a_n\}$ 的公差为 d，则 $a_1+d=5$，$a_1+4d=14$，解得 $a_1=2$，$d=3$，所以数列 $\{a_n\}$ 的通项公式为
$$a_n=a_1+(n-1)d=3n-1.$$

（Ⅱ）数列 $\{a_n\}$ 的前 n 项和
$$S_n=\dfrac{n(a_1+a_n)}{2}=\dfrac{3}{2}n^2+\dfrac{1}{2}n,$$

由 $\dfrac{3}{2}n^2+\dfrac{1}{2}n=155$ 化简得：
$$3n^2+n-310=0,\ \text{即}\ (3n+31)(n-10)=0,$$

所以 $n=10$.

【解题指要】 本题考查等差数列的通项公式及前 n 项和公式，对公式中所涉及的基本量要熟练掌握其相互关系.

（24）【参考答案】 （Ⅰ）解法1 $f'(x)=3ax^2+2bx+c$，因为 $x=\pm1$ 是函数 $f(x)$ 的极值点，所以 $x=\pm1$ 是方程 $f'(x)=0$，即 $3ax^2+2bx+c=0$ 的两个根.

由根与系数的关系，得
$$\begin{cases} -\dfrac{2b}{3a}=0, & \text{①}\\[2mm] \dfrac{c}{3a}=-1. & \text{②} \end{cases}$$

又 $f(1)=-1$，所以 $\qquad\qquad a+b+c=-1.\qquad\qquad$ ③

由①②③解得 $\qquad\qquad a=\dfrac{1}{2},b=0,c=-\dfrac{3}{2}.$

解法2 由 $f'(-1)=f'(1)=0$，得
$$3a+2b+c=0,\qquad\qquad\text{④}$$
$$3a-2b+c=0.\qquad\qquad\text{⑤}$$

又 $f(1)=-1$，即 $\qquad\qquad a+b+c=-1,\qquad\qquad$ ⑥

由④⑤⑥,解得 $a=\dfrac{1}{2},b=0,c=-\dfrac{3}{2}.$

（Ⅱ）解 $f(x)=\dfrac{1}{2}x^3-\dfrac{3}{2}x$,所以

$$f'(x)=\dfrac{3}{2}x^2-\dfrac{3}{2}=\dfrac{3}{2}(x-1)(x+1).$$

当 $x<-1$ 或 $x>1$ 时,$f'(x)>0$;当 $-1<x<1$ 时,$f'(x)<0$. 所以函数 $f(x)$ 在 $(-\infty,-1)$ 和 $(1,+\infty)$ 内是增函数,在 $(-1,1)$ 内是减函数. 故当 $x=-1$ 时函数取得极大值,$f(-1)=1$;当 $x=1$ 时函数取得极小值,$f(1)=-1.$

【解题指要】 本题考查导数的应用. 导数在判定和求解极值、最值、单调区间方面具有重要作用.

（25）**【参考答案】** **解法 1** 设弦的两端点为 $A(x_1,y_1),B(x_2,y_2)$,则

$$\dfrac{x_1+x_2}{2}=4,\dfrac{y_1+y_2}{2}=2,$$

$$k_{AB}=\dfrac{y_2-y_1}{x_2-x_1}\quad(x_2\ne x_1),$$

且
$$\begin{cases}\dfrac{x_1^2}{36}+\dfrac{y_1^2}{9}=1, & ① \\[2mm] \dfrac{x_2^2}{36}+\dfrac{y_2^2}{9}=1. & ②\end{cases}$$

由②-①,得 $\dfrac{x_2^2-x_1^2}{36}+\dfrac{y_2^2-y_1^2}{9}=0$,即

$$\dfrac{1}{4}(x_2+x_1)(x_2-x_1)+(y_2+y_1)(y_2-y_1)=0,$$

即 $\dfrac{8}{4}+4\cdot\dfrac{y_2-y_1}{x_2-x_1}=0$,所以 $k_{AB}=-\dfrac{1}{2}$,则知弦 AB 所在直线方程为

$$y-2=-\dfrac{1}{2}(x-4),\text{即 } x+2y-8=0.$$

当 $x_1=x_2$ 时,弦 $AB\perp x$ 轴,AB 的中点在 x 轴上,不可能是点 P,所以 $x+2y-8=0$ 就是所求的直线方程.

解法 2 设弦的两端点为 $A(x_1,y_1),B(x_2,y_2)$,斜率为 k,则 AB 所在直线方程为:

$$y=k(x-4)+2,$$

将其代入方程 $\dfrac{x^2}{36}+\dfrac{y^2}{9}=1$,消去 y,整理得

$$(9+36k^2)x^2+72k(2-4k)x+36(2-4k)^2-324=0,$$

即
$$(1+4k^2)x^2+16k(1-2k)x+4(2-4k)^2-36=0.$$

因为 x_1,x_2 是上述方程的两个根,由韦达定理得

$$x_1+x_2=-\dfrac{16k(1-2k)}{1+4k^2}.$$

又因为 $\dfrac{x_1+x_2}{2}=4$，所以 $-\dfrac{16k(1-2k)}{1+4k^2}=8$，解之得 $k=-\dfrac{1}{2}$.

当弦 AB 斜率不存在时，点 $P(4,2)$ 不可能为弦 AB 的中点，故所求弦 AB 的直线方程为

$$y-2=-\dfrac{1}{2}(x-4)，即\ x+2y-8=0.$$

【解题指要】   本题考查圆锥曲线和直线的位置关系.关于弦的中点和直线斜率的关系,解法 1 常称为点差法,是一种常用技巧.

数学(理工农医类)模拟试卷(三)

本试卷分第Ⅰ卷(选择题)和第Ⅱ卷(非选择题)两部分.满分150分,考试时间120分钟.

第Ⅰ卷(选择题,共85分)

注意事项:

1. 答第Ⅰ卷前,考生务必将自己的姓名、准考证号、考试科目用铅笔涂写在答题卡上.

2. 每小题选出答案后,用铅笔把答题卡上对应题目的答案标号涂黑,如需改动,用橡皮擦干净后,再选涂其他答案,不能答在试卷上.

3. 考试结束,监考人将本试卷和答题卡一并收回.

4. 在本试卷中,$\tan \alpha$ 表示角 α 的正切,$\cot \alpha$ 表示角 α 的余切.

一、选择题: 本大题共17小题,每小题5分,共85分.在每小题给出的四个选项中,只有一项是符合题目要求的.

(1) 函数 $f(x)=\log_2(x-3)$ 的定义域为

(A) $\{x \mid x \leqslant 3, x \in \mathbf{R}\}$ (B) $\{x \mid x \geqslant 3, x \in \mathbf{R}\}$

(C) $\{x \mid x>3, x \in \mathbf{R}\}$ (D) $\{x \mid x<3, x \in \mathbf{R}\}$

(2) 在等差数列 $\{a_n\}$ 中,若 $a_3+a_4+a_5+a_6+a_7=450$,则 a_2+a_8 的值等于

(A) 45 (B) 75 (C) 180 (D) 300

(3) 复数 $(4+3\mathrm{i})(4-3\mathrm{i})$ 的值等于

(A) 25 (B) 25i (C) 7 (D) 7i

(4) 下列函数中,周期为 $\dfrac{\pi}{2}$ 的是

(A) $y=\sin \dfrac{x}{2}$ (B) $y=\sin 2x$ (C) $y=\cos \dfrac{x}{4}$ (D) $y=\cos 4x$

(5) 从6位同学中任意选出4位参加公益活动,不同的选法共有

(A) 30种 (B) 15种 (C) 10种 (D) 6种

(6) 双曲线 $\dfrac{x^2}{4}-\dfrac{y^2}{9}=1$ 的渐近线方程是

(A) $y=\pm \dfrac{3}{2}x$ (B) $y=\pm \dfrac{2}{3}x$ (C) $y=\pm \dfrac{9}{4}x$ (D) $y=\pm \dfrac{4}{9}x$

(7) 函数 $y=2^{x-1}$ 的反函数是

(A) $y=\log_2(x-1)\ (x>1)$ (B) $y=1+\log_2 x\ (x>0)$

(C) $y=\dfrac{1}{2^x}+1\ (x \in \mathbf{R})$ (D) $y=2^{\frac{1}{x-1}}\ (x \neq 1)$

(8) 直线 $ax+2y-1=0$ 与 $x+(a-1)y+2=0$ 平行,则 a 等于

(A) $\dfrac{3}{2}$　　　　(B) 2　　　　(C) −1　　　　(D) 2 或−1

(9) 甲、乙两人各射击一次,甲击中目标的概率是0.8,乙击中目标的概率是0.6,那么两人都击中目标的概率是

(A) 1.4　　　　(B) 0.9　　　　(C) 0.6　　　　(D) 0.48

(10) 已知向量 a,b 满足: $|a|=2$, $|b|=1$, $(a-b)\cdot b=0$,那么向量 a,b 的夹角为

(A) 30°　　　　(B) 45°　　　　(C) 60°　　　　(D) 90°

(11) 已知函数 $f(x)=3^x$,那么函数 $f(x)$ 的反函数 $f^{-1}(x)$ 的定义域为

(A) $\{x|x>1\}$　　　　　　　　(B) $\{x|x>0\}$

(C) $\{x|x>0$ 且 $x\neq1\}$　　　　(D) **R**

(12) $\sin\left(-\dfrac{19}{6}\pi\right)$ 的值等于

(A) $\dfrac{1}{2}$　　　(B) $-\dfrac{1}{2}$　　　(C) $\dfrac{\sqrt{3}}{2}$　　　(D) $-\dfrac{\sqrt{3}}{2}$

(13) 不等式 $|2x-3|\geq5$ 的解集是

(A) $\{x|x\geq4\}$　　　　　　　　(B) $\{x|x\leq-1\}$

(C) $\{x|x\leq-1$ 或 $x\geq4\}$　　　(D) $\{x|-1\leq x\leq4\}$

(14) 不等式组 $\begin{cases}x\geq0,\\y\geq0,\\x+y\leq2\end{cases}$ 所表示的平面区域的面积是

(A) 1　　　　(B) 2　　　　(C) 3　　　　(D) 4

(15) 如图所示,正方体 $ABCD-A_1B_1C_1D_1$ 中, BC_1 与对角面 BB_1D_1D 所成角是

(A) $\angle C_1BD_1$　　(B) $\angle C_1BD$　　(C) $\angle C_1BB_1$　　(D) 以上均不对

(16) 函数 $y=\sin x\cos x$ 的最小正周期为

(A) 6π　　　(B) 2π　　　(C) π　　　(D) $\dfrac{\pi}{2}$

(17) 已知椭圆 $\dfrac{x^2}{a^2}+\dfrac{y^2}{b^2}=1$ $(a>b>0)$ 的离心率为 $\dfrac{3}{5}$,两焦点的距离为3,则 $a+b=$

(A) $\dfrac{5}{2}$　　　(B) $\dfrac{9}{2}$　　　(C) $\dfrac{7}{2}$　　　(D) $\dfrac{11}{2}$

第 II 卷 (非选择题,共 65 分)

注意事项:

1. 用钢笔或圆珠笔直接答在试卷中.

2. 答卷前将密封线内的项目填写清楚.

题 号	二	三				总 分
		22	23	24	25	
分 数						

得分	评卷人

二、填空题:本大题共 4 小题,每小题 4 分,共 16 分.把答案填在题中横线上.

(18) 已知 $x \in \left(-\dfrac{\pi}{2}, 0 \right)$,$\cos x = \dfrac{4}{5}$,则 $\tan 2x =$ _____.

(19) 函数 $f(x) = x^3 - 3x^2 + 2$ 在区间 $[-1, 1]$ 上的最大值是 _____.

(20) 已知正三棱锥的侧棱长是底面边长的 2 倍,则侧棱与底面所成角的余弦值等于 _____.

(21) 已知点 $A(3, -3)$,$B(1, 1)$,则线段 AB 的垂直平分线的斜率为 _____.

三、解答题:本大题共 4 小题,共 49 分.解答应写出推理、演算步骤.

得分	评卷人

(22)(本小题满分 12 分)

在数列 $\{a_n\}$ 中,$a_1 = 1$,$S_n = a_1 + a_2 + \cdots + a_n$,$a_n = 2S_{n-1}$ ($n \in \mathbf{N}$,且 $n \geq 2$).

(Ⅰ)求证:数列 $\{S_n\}$ 是等比数列;

(Ⅱ)求数列 $\{a_n\}$ 的通项公式.

得分	评卷人

（23）（本小题满分 12 分）

在 $\triangle ABC$ 中，a,b,c 分别是三个内角 A,B,C 的对边. 若 $a=2,C=\dfrac{\pi}{4},\cos\dfrac{B}{2}=\dfrac{2\sqrt{5}}{5}$，求 $\triangle ABC$ 的面积 S.

得分	评卷人

（24）（本小题满分 12 分）

过双曲线 $\dfrac{x^2}{9}-\dfrac{y^2}{16}=1$ 的右焦点作一条渐近线的平行线 l 与此双曲线交于一点 P，求 P 与双曲线的两个顶点构成的三角形的面积.

得分	评卷人

（25）（本小题满分 13 分）

已知函数 $f(x)=x^3-3x^2+m$ 在区间 $[-2,2]$ 上有最大值 5，试确定常数 m，并求这个函数在该闭区间上的最小值.

数学(理工农医类)模拟试卷(三)参考答案及解题指要

一、选择题

(1)【参考答案】 (C)

解 $x-3>0$ 得 $x>3$,应选(C).

【解题指要】 本题考查对数函数定义域的求法. 对数函数 $y=\log_a x$ 的定义域为 $(0,+\infty)$.

(2)【参考答案】 (C)

根据等差数列的性质有:$a_3+a_7=a_4+a_6=2a_5=90$,故 $a_5=90$,而 $a_2+a_8=2a_5=180$. 应选(C).

【解题指要】 本题主要考查考生对等差数列的定义、通项公式及等差数列的性质的理解. 若 $\{a_n\}$ 为等差数列,且 $m+n=k+l$(其中 m,n,k,l 均为正整数),则有 $a_m+a_n=a_k+a_l$. 在解题中应用此性质可简化运算. 本题中若直接应用等差数列的通项公式及前 n 项和公式求解,则运算较复杂.

(3)【参考答案】 (A)

$$(4+3i)(4-3i)=16-9i^2=16+9=25,$$

应选(A).

【解题指要】 本题考查复数的运算.复数的乘法运算法则与实数多项式乘法的运算法则类似,注意 $i^2=-1$.

(4)【参考答案】 (D)

由 $T=\dfrac{2\pi}{|\omega|}$ 可知,$y=\sin\dfrac{x}{2}$ 的周期为 4π,$y=\sin 2x$ 的周期为 π,$y=\cos\dfrac{x}{4}$ 的周期为 8π,$y=\cos 4x$ 的周期为 $\dfrac{\pi}{2}$.

【解题指要】 求形如 $y=A\sin(\omega x+\varphi)$ 和 $y=A\cos(\omega x+\varphi)$ 的函数的最小正周期用公式 $T=\left|\dfrac{2\pi}{\omega}\right|$,求形如 $y=\tan\omega x$ 的函数的最小正周期用公式 $T=\left|\dfrac{\pi}{\omega}\right|$.

(5)【参考答案】 (B)

依题意,不同的选法共有

$$C_6^4=C_6^2=\frac{6\times 5}{2\times 1}=15.$$

考生要牢记排列组合的基本公式及计算方法.

【解题指要】 本题主要考查排列组合的相关知识.

(6)【参考答案】 (A)

由方程 $\dfrac{x^2}{4}-\dfrac{y^2}{9}=1$ 知 $a=2,b=3$,故渐近线方程为

$$y=\pm\frac{b}{a}x=\pm\frac{3}{2}x.$$

【解题指要】 本题考查考生对双曲线的渐近线方程的掌握情况.

焦点在 x 轴上的双曲线标准方程为 $\dfrac{x^2}{a^2}-\dfrac{y^2}{b^2}=1$,其渐近线方程为 $y=\pm\dfrac{b}{a}x$;焦点在 y 轴上的双曲线标准方程为 $\dfrac{y^2}{a^2}-\dfrac{x^2}{b^2}=1$,其渐近线方程为 $y=\pm\dfrac{a}{b}x$.

(7)【参考答案】 (B)

由 $y=2^{x-1}$ 可得 $x-1=\log_2 y$,$y>0$,再将 x,y 互换并整理可得: $y=\log_2 x+1$ ($x>0$),故应选(B).

【解题指要】 本题主要考查反函数的求法.

求反函数的过程中要注意变形的合理、准确,要明确求反函数的三个步骤:反解(用 y 表示 x),互换,写定义域.

(8)【参考答案】 (D)

由题意知应有 $-\dfrac{a}{2}=\dfrac{1}{1-a}$,解得 $a=2$ 或 $a=-1$. 经验证,此两解均满足题设条件,故选(D).

【解题指要】 本题考查两条直线平行的判断方法. 斜率存在且不重合的两条直线平行的充要条件是斜率相等.

(9)【参考答案】 (D)

已知两个事件是相互独立的,应用相互独立事件的概率乘法公式,可得所求概率是 $0.8\times 0.6=0.48$.

【解题指要】 考生要分清互斥事件、独立事件等概念,正确应用加法公式和乘法公式.

(10)【参考答案】 (C)

设 a 与 b 的夹角为 θ,则

$$(a-b)\cdot b=0$$
$$\Leftrightarrow a\cdot b-|b|^2=0$$
$$\Leftrightarrow |a|\cdot|b|\cos\theta-|b|^2=0$$
$$\Leftrightarrow \cos\theta=\dfrac{|b|^2}{|a|\cdot|b|}=\dfrac{|b|}{|a|}=\dfrac{1}{2}.$$

因为 $\theta\in[0,\pi]$,所以 $\theta=\dfrac{\pi}{3}=60°$.

【解题指要】 本题考查平面向量数量积公式.

若 $a=(x_1,y_1)$,$b=(x_2,y_2)$,a 与 b 的夹角为 θ,则:

① $a\cdot b=|a||b|\cdot\cos\theta$.

② $a\cdot b=x_1 x_2+y_1 y_2$.

在具体求解过程中,应根据题意合理选用公式.

(11)【参考答案】 (B)

$f(x)=3^x$ 的反函数为 $y=\log_3 x$,其定义域为 $\{x|x>0\}$.

【解题指要】 本题考查反函数知识.

由于 $y=3^x>0$,而原函数的值域即是反函数的定义域,也可直接得结论.

(12)【参考答案】 (A)

$$\sin\left(-\dfrac{19}{6}\pi\right)=\sin\left(-\dfrac{18}{6}\pi-\dfrac{\pi}{6}\right)=\sin\left(-3\pi-\dfrac{\pi}{6}\right)=\sin\dfrac{\pi}{6}=\dfrac{1}{2},$$

应选(A).

【解题指要】　本题考查三角函数诱导公式的相关知识.在应用诱导公式时,可先将所求化为 $\sin\left(\dfrac{k}{2}\pi+\alpha\right)$,$\cos\left(\dfrac{k}{2}\pi+\alpha\right)$ 或 $\tan\left(\dfrac{k}{2}\pi+\alpha\right)$ 的形式,然后用"奇变偶不变、符号看象限"的口诀来变形.

(13)【参考答案】　(C)

不等式 $|2x-3|\geqslant5$ 可化为:$2x-3\geqslant5$ 或 $2x-3\leqslant-5$,解得 $x\geqslant4$ 或 $x\leqslant-1$.应选(C).

【解题指要】　本题主要考查解不等式的知识.对于 $|ax+b|>c$($c>0$)型的不等式,可化为 $ax+b>c$ 或 $ax+b<-c$;对于 $|ax+b|<c$($c>0$)型的不等式,可化为 $-c<ax+b<c$.

(14)【参考答案】　(B)

绘出可行域,其面积为 $S=\dfrac{1}{2}\times2\times2=2$.

【解题指要】　本题考查线性规划的基本知识.

(15)【参考答案】　(D)

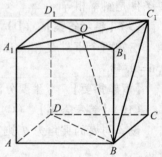

连接 A_1C_1,交 B_1D_1 于点 O,连接 BO,如图所示.

因为 $A_1B_1C_1D_1$ 为正方形,所以
$$C_1O\perp B_1D_1.$$
又　　　　　　　　　　　$BB_1\perp$ 平面 $A_1B_1C_1D_1$,

所以　　　　　　　　　　　$C_1O\perp BB_1$,

所以　　　　　　　　　　　$C_1O\perp$ 平面 BB_1D_1D,

故 BO 是 BC_1 在平面 BB_1D_1D 上的射影,$\angle C_1BO$ 是 BC_1 与平面 BB_1D_1D 所成的角.

【解题指要】　本题考查线面所成角的概念.斜线与平面所成的角就是斜线与它在平面上的射影所成的角.

(16)【参考答案】　(C)
$$y=\sin x\cos x=\frac{1}{2}\sin 2x,$$
所以 $T=\dfrac{2\pi}{2}=\pi$.

求三角函数周期的题目,要把所给函数化成某一个三角函数,如 $y=A\sin(\omega x+\varphi)$($\omega>0$)的形式,则其最小正周期为 $T=\dfrac{2\pi}{\omega}$

【解题指要】　本题考查三角函数的周期性.

(17)【参考答案】　(B)

由已知 $2c=3$,得 $c=\dfrac{3}{2}$.

又 $e=\dfrac{c}{a}=\dfrac{3}{5}$,得 $a=\dfrac{5}{2}$.

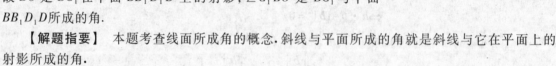
$$b=\sqrt{a^2-c^2}=\sqrt{\left(\frac{5}{2}\right)^2-\left(\frac{3}{2}\right)^2}=2,$$

故 $a+b=\dfrac{9}{2}$. 应选(B).

【解题指要】 本题考查椭圆的标准方程及椭圆的几何性质,熟悉基本量的关系即可准确求解.

二、填空题

(18)**【参考答案】** $-\dfrac{24}{7}$

因为 $x \in \left(-\dfrac{\pi}{2}, 0 \right)$,$\cos x = \dfrac{4}{5}$,所以

$$\sin x = -\sqrt{1-\cos^2 x} = -\sqrt{1-\dfrac{16}{25}} = -\dfrac{3}{5},$$

则

$$\tan x = \dfrac{\sin x}{\cos x} = -\dfrac{3}{4},$$

所以

$$\tan 2x = \dfrac{2\tan x}{1-\tan^2 x} = \dfrac{2\times\left(-\dfrac{3}{4}\right)}{1-\left(-\dfrac{3}{4}\right)^2} = -\dfrac{24}{7}.$$

【解题指要】 本题考查同角基本关系式、二倍角正切公式等知识.

(19)**【参考答案】** 2

因为 $f(x) = x^3 - 3x^2 + 2$,所以 $f'(x) = 3x^2 - 6x$.

解 $f'(x) = 3x^2 - 6x > 0$ 得 $x < 0$ 或 $x > 2$,所以 $f(x)$ 在区间 $[-1,0]$ 上单调递增,在 $[0,1]$ 上单调递减,所以 $f(x)$ 在 $x = 0$ 处有最大值,$y_{\max} = f(0) = 2$.

【解题指要】 本题考查导数的基本知识. 导函数的正负可以确定原函数的单调性. 函数在闭区间上的最值可能在极值点取得,也可能在区间的端点取得,这点应是解题过程中需要注意的. 本题中函数在区间 $[-1,0]$ 上单调递增,在 $[0,1]$ 上单调递减,因此在 $x = 0$ 处取最大值.

(20)**【参考答案】** $\dfrac{\sqrt{3}}{6}$

设三棱锥为 $P\text{-}ABC$,O 为底面正三角形 ABC 的中心,则 $OP \perp$ 面 ABC,$\angle PCO$ 即为侧棱与底面所成角.

设 $AB = 1$,则 $PC = 2$,$OC = \dfrac{\sqrt{3}}{3}$,所以

$$\cos \angle PCO = \dfrac{OC}{PC} = \dfrac{\sqrt{3}}{6}.$$

【解题指要】 本题考查三棱锥的知识及线面角的求法.

正三棱锥的底面为正三角形,且顶点在底面的射影为底面正三角形的中心,这是解题中应使用的条件.

求线面角通常的方法是利用线面角的定义,求斜线和斜线在平面内的射影所成角的大小.

(21)**【参考答案】** $\dfrac{1}{2}$

直线 AB 的斜率为

$$\frac{y_B - y_A}{x_B - x_A} = \frac{1 - (-3)}{1 - 3} = -2,$$

所以线段 AB 的垂直平分线的斜率为 $\frac{1}{2}$.

两条直线垂直，则其斜率互为负倒数；两条直线平行，则其斜率相等.

直线的平行和垂直是常考内容.

【解题指要】 本题考查直线的斜率.

三、解答题

（22）【参考答案】 解 （Ⅰ）因为 $a_n = 2S_{n-1}$ （$n \in \mathbf{N}$，且 $n \geqslant 2$），

所以 $\qquad S_n - S_{n-1} = 2S_{n-1}$，即 $\dfrac{S_n}{S_{n-1}} = 3$，

所以数列 $\{S_n\}$ 是以 $S_1 = a_1 = 1$ 为首项，以 3 为公比的等比数列.

（Ⅱ）由（Ⅰ）知 $S_n = 3^{n-1}$.

当 $n \geqslant 2$ 时，$a_n = 2S_{n-1} = 2 \times 3^{n-2}$.

因为 $a_1 = 1$ 不适合上式，所以数列 $\{a_n\}$ 的通项公式为

$$a_n = \begin{cases} 1, & n = 1, \\ 2 \times 3^{n-2}, & n \geqslant 2. \end{cases}$$

【解题指要】 本题考查考生对数列知识的掌握情况.

在数列中，通项 a_n 及前 n 项和 S_n 有以下关系：

$$a_n = \begin{cases} S_1, & n = 1, \\ S_n - S_{n-1}, & n \geqslant 2. \end{cases}$$

（23）【参考答案】 解 由 $\cos\dfrac{B}{2} = \dfrac{2\sqrt{5}}{5}$ 可得 $\cos B = 2\cos^2\dfrac{B}{2} - 1 = \dfrac{3}{5}$.

角 B 为锐角，故 $\sin B = \sqrt{1 - \cos^2 B} = \dfrac{4}{5}$，则

$$\sin A = \sin(\pi - B - C) = \sin\left(\frac{3}{4}\pi - B\right)$$

$$= \sin\frac{3}{4}\pi \cos B - \cos\frac{3}{4}\pi \sin B = \frac{7\sqrt{2}}{10},$$

再由正弦定理得 $c = \dfrac{10}{7}$，所以

$$S = \frac{1}{2}ac\sin B = \frac{1}{2} \times 2 \times \frac{10}{7} \times \frac{4}{5} = \frac{8}{7}.$$

【解题指要】 本题考查三角变换及解三角形的有关知识.

常用的三角形面积公式有两种形式，一是 $S = \dfrac{1}{2} \times$ 底 $\times$ 高，二是 $S = \dfrac{1}{2}ab\sin C$ 的形式. 在解题过程中要根据题目的特点恰当选择公式.

（24）【参考答案】　解　双曲线$\dfrac{x^2}{9}-\dfrac{y^2}{16}=1$的右焦点为$(5,0)$,渐近线方程为$y=\pm\dfrac{4}{3}x$,所以不妨设直线$l:y=\dfrac{4}{3}(x-5)$.

$$\begin{cases} y=\dfrac{4}{3}(x-5), \\ \dfrac{x^2}{9}-\dfrac{y^2}{16}=1, \end{cases} \quad 得\ y=-\dfrac{32}{15},$$

所以
$$S_\triangle=\dfrac{1}{2}\cdot 2a\cdot |y|=\dfrac{1}{2}\times 6\times\dfrac{32}{15}=\dfrac{32}{5},$$

即所求三角形的面积为$\dfrac{32}{5}$.

【解题指要】　本题考查直线和双曲线的位置关系.

熟练掌握双曲线的基本知识和直线方程形式是准确解出此题的关键.

双曲线的焦点坐标、渐近线方程、准线方程和离心率必须掌握熟练;直线方程要注意根据题目条件,恰当选择不同形式(点斜式,斜截式,截距式).

（25）【参考答案】　解　$f'(x)=3x^2-6x=3x(x-2)$.

令$f'(x)=0$,得$x_1=0,x_2=2$. 当$x<0$时,$f'(x)>0$;当$0<x<2$时,$f'(x)<0$. 所以$x=0$是$f(x)$的极大值点,极大值$f(0)=0^3-3\times 0^2+m=m$. 由函数$f(x)$在区间$[-2,0]$上为增函数,在区间$[0,2]$上为减函数,知函数在$[-2,2]$上的最大值为$f(0)$,即$m=5$.

又
$$f(2)=-4+m,f(-2)=-20+m,f(-2)<f(2),$$
所以函数在区间$[-2,2]$上的最小值为$f(-2)=-20+5=-15$.

【解题指要】　本题考查导数及其应用,导数值的正、负是判断函数单调性的依据.

解题过程中要将极值和最值区分开.

数学(理工农医类)模拟试卷(四)

本试卷分第Ⅰ卷(选择题)和第Ⅱ卷(非选择题)两部分.满分150分,考试时间120分钟.

第Ⅰ卷(选择题,共85分)

一、选择题:本大题共17小题,每小题5分,共85分.在每小题给出的四个选项中,只有一项是符合题目要求的.

(1) 不等式组 $\begin{cases} x^2-1<0, \\ x^2-3x<0 \end{cases}$ 的解集是_____.

(A) $\{x \mid -1<x<1\}$ (B) $\{x \mid 0<x<3\}$

(C) $\{x \mid 0<x<1\}$ (D) $\{x \mid -1<x<3\}$

(2) $\lim\limits_{x \to 1} \dfrac{x-1}{x^2-1} =$

(A) 1   (B) $\dfrac{1}{2}$ (C) 0   (D) ∞

(3) 函数 $f(x)=\dfrac{1}{x}$ $(x \neq 0)$ 的反函数 $f^{-1}(x)$ 等于

(A) x $(x \neq 0)$ (B) $\dfrac{1}{x}$ $(x \neq 0)$ (C) $-x$ $(x \neq 0)$ (D) $-\dfrac{1}{x}$ $(x \neq 0)$

(4) 若 $\boldsymbol{a}=(1,5,-2)$,$\boldsymbol{b}=(m,2,m+2)$,且 $\boldsymbol{a} \perp \boldsymbol{b}$,则 m 的值为

(A) 0   (B) 6   (C) -6 (D) ± 6

(5) 定义 $A-B=\{x \mid x \in A,$ 且 $x \notin B\}$,若 $A=\{1,3,5,7,9\}$,$B=\{2,3,5\}$,则 $A-B=$

(A) A (B) B (C) $\{1,2,7,9\}$ (D) $\{1,7,9\}$

(6) 已知空间四点 $A(0,1,0)$,$B\left(1,0,\dfrac{1}{2}\right)$,$C(0,0,1)$,$D\left(1,1,\dfrac{1}{2}\right)$,则直线 AB 与 CD 所成角的余弦值等于

(A) $-\dfrac{1}{3}$ (B) $\dfrac{1}{9}$ (C) $-\dfrac{1}{9}$ (D) $-\dfrac{4}{9}$

(7) 用1,2,3,4这四个数字可以组成没有重复数字的三位数的个数是

(A) 4个   (B) 24个   (C) 64个   (D) 81个

（8）已知一个等比数列的首项为 1，公比为 2，那么该数列的前 5 项和为

（A）31　　　　　（B）30　　　　　（C）15　　　　　（D）16

（9）袋中有红、黄、绿色球各 1 个，每次任取 1 个，有放回地抽取 3 次，球的颜色全相同的概率是

（A）$\dfrac{2}{27}$　　　　（B）$\dfrac{1}{9}$　　　　（C）$\dfrac{2}{9}$　　　　（D）$\dfrac{1}{27}$

（10）在同一坐标系中，函数 $y=\left(\dfrac{1}{2}\right)^{x}$ 与函数 $y=\log_2 x$ 的图像都正确的是

（A）　　　　　　（B）　　　　　　（C）　　　　　　（D）

（11）设 F_1，F_2 为椭圆 $\dfrac{x^2}{25}+\dfrac{y^2}{9}=1$ 的焦点，P 为椭圆上一点，则 $\triangle PF_1F_2$ 的周长为

（A）16　　　　　（B）18　　　　　（C）20　　　　　（D）不能确定

（12）已知圆 $C:x^2+y^2-2x+4y+1=0$，那么与圆 C 有相同的圆心，且经过点 $(-2,2)$ 的圆的方程是

（A）$(x-1)^2+(y+2)^2=5$　　　　　（B）$(x-1)^2+(y+2)^2=25$

（C）$(x+1)^2+(y-2)^2=5$　　　　　（D）$(x+1)^2+(y-2)^2=25$

（13）$a>0,b>0$ 是 $ab>0$ 的

（A）充分不必要条件　　　　　　（B）必要不充分条件

（C）充要条件　　　　　　　　　（D）既非充分条件，也非必要条件

（14）$\triangle ABC$ 中，已知 $a=6,b=10,C=60°$，则 $c=$

（A）76　　　　　（B）196　　　　　（C）$2\sqrt{19}$　　　　　（D）$4\sqrt{19}$

（15）在长方体 $ABCD-A_1B_1C_1D_1$ 中，$AB=BC=1$，$CC_1=2$，则 $AC_1=$

（A）$\sqrt{2}$　　　　　（B）2　　　　　（C）$\sqrt{5}$　　　　　（D）$\sqrt{6}$

（16）$\left(x-\dfrac{2}{x}\right)^5$ 的展开式中，x 的系数为

（A）40　　　　　（B）20　　　　　（C）10　　　　　（D）5

（17）使 $\sqrt{a}>\log_4 2+\log_4 8$ 的 a 的取值范围为

（A）$(0+\infty)$　　　（B）$(1,+\infty)$　　　（C）$(2,+\infty)$　　　（D）$(4,+\infty)$

第Ⅱ卷（非选择题,共65分）

注意事项:

1. 用钢笔或圆珠笔直接答在试卷中.

2. 答卷前将密封线内的项目填写清楚.

题　号	二	三				总　分
		22	23	24	25	
分　数						

得分	评卷人

二、填空题:本大题共4小题,每小题4分,共16分.把答案填在题中横线上.

(18) 若不等式 $x^2-ax-b<0$ 的解集是 $\{x|2<x<3\}$,则 $a+b=$ _____.

(19) 如图,在正方体 $ABCD-A_1B_1C_1D_1$ 中,直线 BC_1 和平面 $ABCD$ 所成角的大小为_____.

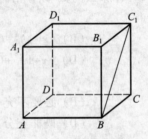

(20) 已知平面中有三点 $A(0,1),M(\sqrt{2},1),N(2\sqrt{2},2)$,O 为坐标原点,则 $\overrightarrow{OA}$ 与 $\overrightarrow{MN}$ 所成角的余弦值为_____.

(21) 已知随机变量 ξ 的分布列为:

ξ	0	1	2	3	4
P	$\frac{1}{8}$	$\frac{1}{4}$	$\frac{1}{8}$	$\frac{1}{3}$	b

则实数 $b=$ _____,$E\xi=$ _____.

三、解答题：本大题共 4 小题，共 49 分．解答应写出推理、演算步骤．

得分	评卷人

（22）（本小题满分 12 分）

已知函数 $f(x)=\sqrt{3}\sin\dfrac{3}{2}x+\cos\dfrac{3}{2}x+a$ 恒过点 $\left(-\dfrac{\pi}{3},1\right)$．

（Ⅰ）求 a 的值；

（Ⅱ）求函数 $y=f(x)$ 的最小正周期及单调递减区间．

得分	评卷人

（23）（本小题满分 12 分）

已知数列 $\{a_n\}$ 的前 n 项和 $S_n=nb_n$，其中 $\{b_n\}$ 是首项为 1，公差为 2 的等差数列．

（Ⅰ）求数列 $\{a_n\}$ 的通项公式；

（Ⅱ）若 $c_n=\dfrac{1}{a_n(2b_n+3)}$，求数列 $\{c_n\}$ 的前 n 项和 T_n．

得分	评卷人

（24）（本小题满分 12 分）

已知函数 $f(x) = mx^3 + nx^2$ （$m, n \in \mathbf{R}, m \neq 0$），函数 $y = f(x)$ 的图像在点 $(2, f(2))$ 处的切线与 x 轴平行.

（Ⅰ）用关于 m 的代数式表示 n；

（Ⅱ）求函数 $f(x)$ 的单调增区间.

得分	评卷人

（25）（本小题满分 13 分）

设 F_1 和 F_2 分别是椭圆 $\dfrac{x^2}{4} + y^2 = 1$ 的左焦点和右焦点，A 是该椭圆和 y 轴负半轴的交点，在椭圆上求一点 P，使得 $|PF_1|, |PA|, |PF_2|$ 成等差数列.

数学(理工农医类)模拟试卷(四)参考答案及解题指要

一、选择题

(1)【参考答案】 (C)

由 $\begin{cases} x^2-1<0, \\ x^2-3x<0 \end{cases}$ 得 $\begin{cases} -1<x<1, \\ 0<x<3, \end{cases}$ 即 $0<x<1$. 应选(C).

【解题指要】 本题主要考查解不等式组的方法.

在解不等式组时,要注意不等式组的解集为构成不等式组的不等式的解集的交集.

(2)【参考答案】 (B)

$$\lim_{x\to 1}\frac{x-1}{x^2-1}=\lim_{x\to 1}\frac{x-1}{(x-1)(x+1)}=\lim_{x\to 1}\frac{1}{x+1}=\frac{1}{2}.$$

【解题指要】 本题考查求函数极限的方法.

解题时先变形,当极限存在时求出极限值即可.

(3)【参考答案】 (B)

由 $y=\dfrac{1}{x}$ 反解得 $x=\dfrac{1}{y}$,将 x,y 互换得 $y=\dfrac{1}{x}$ ($x\neq 0$).

【解题指要】 本题考查反函数的求法.

(4)【参考答案】 (B)

由 $\boldsymbol{a}\perp\boldsymbol{b}$ 可得 $\boldsymbol{a}\cdot\boldsymbol{b}=0$,即 $m+10-2m-4=0$,解得 $m=6$.

【解题指要】 本题考查空间向量垂直与空间向量内积的相关知识.

(5)【参考答案】 (D)

由定义,$A-B=\{1,7,9\}$,故选(D).

【解题指要】 注意(D)和(C)的区别:$2\in B$,不符合 $A-B$ 定义.

本题考查考生对集合运算定义的了解. 集合的运算是成人高考的必考内容.

(6)【参考答案】 (B)

$$\overrightarrow{AB}=\left(1,0,\frac{1}{2}\right)-(0,1,0)=\left(1,-1,\frac{1}{2}\right),$$

$$\overrightarrow{CD}=\left(1,1,\frac{1}{2}\right)-(0,0,1)=\left(1,1,-\frac{1}{2}\right),$$

$$\left|\overrightarrow{AB}\right|=\left|\overrightarrow{CD}\right|=\frac{3}{2},$$

$$\overrightarrow{AB}\cdot\overrightarrow{CD}=1\times 1+(-1)\times 1+\frac{1}{2}\times\left(-\frac{1}{2}\right)=-\frac{1}{4},$$

所以
$$\cos\langle\overrightarrow{AB},\overrightarrow{CD}\rangle=\frac{\overrightarrow{AB}\cdot\overrightarrow{CD}}{\left|\overrightarrow{AB}\right|\cdot\left|\overrightarrow{CD}\right|}=\frac{-\dfrac{1}{4}}{\dfrac{9}{4}}=-\frac{1}{9},$$

故直线 AB 与 CD 所成角的余弦值为 $\dfrac{1}{9}$.

【解题指要】　本题考查空间向量的数量积公式及其应用.

(7)【参考答案】　(B)

由 $1,2,3,4$ 可以组成没有重复数字的三位数的个数为 $A_4^3 = 24$.

【解题指要】　本题考查排列的基本知识.

由 $1,2,3,4$ 组成没有重复数字的三位数,即每个数字最多用 1 次,且和顺序有关,因此为排列问题.

(8)【参考答案】　(A)

解法 1　由已知条件可列出数列的前 5 项,分别为:

$$1,2,4,8,16,$$

其和为 31.

解法 2　由等比数列的前 n 项和公式得

$$S_5 = \frac{1-2^5}{1-2} = -(1-32) = 31.$$

【解题指要】　本题考查等比数列的相关知识.

(9)【参考答案】　(B)

3 次均为红球的概率为 $\frac{1}{3} \times \frac{1}{3} \times \frac{1}{3} = \frac{1}{27}$,3 次均为黄球以及 3 次均为绿球的概率也都为 $\frac{1}{27}$,故取 3 次颜色相同的球的概率为 $\frac{1}{27}+\frac{1}{27}+\frac{1}{27} = \frac{1}{9}$.

【解题指要】　本题考查相互独立事件和互斥事件的概率.解题时应分清相互独立事件和互斥事件,恰当应用法则.

(10)【参考答案】　(A)

$y = \left(\frac{1}{2}\right)^x$ 为减函数,$y = \log_2 x$ 为增函数,故选(A).

【解题指要】　指数函数 $y = a^x : a > 1$ 时,$x \in (-\infty, +\infty)$,单调递增;$0 < a < 1$ 时,$x \in (-\infty, +\infty)$,单调递减.对数函数 $y = \log_a x : a > 1$ 时,$x \in (0, +\infty)$,单调递增;$0 < a < 1$ 时,$x \in (0, +\infty)$,单调递减.

(11)【参考答案】　(B)

由 $\frac{x^2}{25} + \frac{y^2}{9} = 1$ 得 $\begin{cases} a^2 = 25, \\ b^2 = 9, \end{cases}$ 又 $c^2 = a^2 - b^2$,所以 $\begin{cases} a = 5, \\ b = 3, \\ c = 4. \end{cases}$

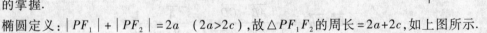

又因为 $\triangle PF_1F_2$ 的周长 $= 2a + 2c = 2(a+c)$,所以 $\triangle PF_1F_2$ 的周长 $= 18$.

【解题指要】　本题考查考生对椭圆定义的理解及对椭圆标准方程的掌握.

椭圆定义:$|PF_1| + |PF_2| = 2a$ $(2a > 2c)$,故 $\triangle PF_1F_2$ 的周长 $= 2a + 2c$,如上图所示.

(12)【参考答案】　(B)

由 $x^2 + y^2 - 2x + 4y + 1 = 0$ 得

$$(x-1)^2 + (y+2)^2 = 4,$$

故圆 C 的圆心为 $(1,-2)$.

由两点间距离公式可得所求圆的半径为 $r=\sqrt{3^2+4^2}=5$,故所求圆的方程为：

$$(x-1)^2+(y+2)^2=25.$$

【解题指要】　本题考查圆的标准方程.

由于所求圆与已知圆有相同的圆心,因此也可设所求圆的方程为：$x^2+y^2-2x+4y+C=0$,将点 $(-2,2)$ 的坐标代入方程可得 $C=-20$,配方可知应选（B）.

（13）**【参考答案】**（A）

由 $a>0,b>0$ 可得 $ab>0$；由 $ab>0$ 可得 $a>0,b>0$ 或 $a<0,b<0$. 因此 $a>0,b>0$ 是 $ab>0$ 的充分不必要条件.

【解题指要】　本题考查充分条件、必要条件的基本知识.

充要条件的判断主要根据充要条件的定义进行. 要注意充要条件的方向性.

（14）**【参考答案】**（C）

由余弦定理可得：

$$c^2=a^2+b^2-2ab\cos C=36+100-2\times6\times10\times\frac{1}{2}=76,$$

$$c=2\sqrt{19},$$

应选（C）.

【解题指要】　本题考查解三角形的知识.

正弦定理、余弦定理是解三角形的重要工具,一定要熟练掌握.

（15）**【参考答案】**（D）

AC_1 为长方体的对角线,故有

$$AC_1^2=AC^2+CC_1^2=(AB^2+BC^2)+CC_1^2$$
$$=1+1+4=6,$$

所以 $AC_1=\sqrt{6}$.

【解题指要】　本题考查立体几何知识.

（16）**【参考答案】**（A）

$\left(x-\dfrac{2}{x}\right)^5$ 的展开式的第 k 项为

$$T_{k+1}=C_5^k x^{5-k}\left(-\frac{2}{x}\right)^k,$$

令 $x^{5-k}\left(-\dfrac{1}{x}\right)^k=x^1$,可得

$$5-2k=1,\text{即 } k=2,$$

所以 x 的系数为

$$C_5^2(-2)^2=10\times4=40.$$

【解题指要】　本题考查二项式定理.

（17）**【参考答案】**（D）

因为

$$\log_4 2+\log_4 8=\log_4(2\times8)=\log_4 4^2=2,$$

所以有
$$\sqrt{a}>2,\text{ 即 }a>4.$$

【解题指要】　本题考查简单的对数运算和不等式的解法.

二、填空题

(18)【参考答案】　−1

由已知, 2, 3 应为方程 $x^2-ax-b=0$ 的两个根. 根据根与系数的关系, $2+3=a,2\times3=-b$, 即 $a=5,b=-6,a+b=-1$.

【解题指要】　本题主要考查一元二次不等式及一元二次方程的知识.

(19)【参考答案】　45°

由于 $CC_1\perp$ 面 $ABCD$, 所以 C_1B 在面 $ABCD$ 中的射影即为 BC, $\angle C_1BC$ 即为所求的角.

【解题指要】　本题考查直线和平面所成角的概念.

(20)【参考答案】　$\dfrac{\sqrt{2}}{2}$

因为
$$\overrightarrow{MN}=(2\sqrt{2}-\sqrt{2},2-1)=(\sqrt{2},1),$$
$$\overrightarrow{OA}=(0-0,1-0)=(0,1),$$

所以 $\overrightarrow{OA}$ 与 $\overrightarrow{MN}$ 所成角 α 的余弦值为
$$\cos\alpha=\frac{\overrightarrow{OA}\cdot\overrightarrow{MN}}{|\overrightarrow{OA}|\cdot|\overrightarrow{MN}|}=\frac{(0,1)\cdot(\sqrt{2},1)}{1\cdot\sqrt{3}}=\frac{\sqrt{3}}{3}.$$

【解题指要】　本题考查向量所成角的相关知识.

(21)【参考答案】　$\dfrac{1}{6},\dfrac{13}{6}$

由 $\dfrac{1}{8}+\dfrac{1}{4}+\dfrac{1}{8}+\dfrac{1}{3}+b=1$ 可得 $b=\dfrac{1}{6}$, 则
$$E\xi=0\times\frac{1}{8}+1\times\frac{1}{4}+2\times\frac{1}{8}+3\times\frac{1}{3}+4\times\frac{1}{6}=\frac{13}{6}.$$

【解题指要】　本题考查离散型随机变量的分布列及数学期望的计算.

离散型随机变量的所有可能取值的概率之和应为 1.

三、解答题

(22)【参考答案】　解　（Ⅰ）因为 $f(x)=\sqrt{3}\sin\dfrac{3}{2}x+\cos\dfrac{3}{2}x+a=2\sin\left(\dfrac{3}{2}x+\dfrac{\pi}{6}\right)+a$ 恒过点 $\left(-\dfrac{\pi}{3},1\right)$, 所以
$$1=2\sin\left(-\frac{\pi}{3}\right)+a,\quad\text{即 }a=\sqrt{3}+1.$$

（Ⅱ）由（Ⅰ）知, 函数 $f(x)$ 的最小正周期是 $T=\dfrac{4\pi}{3}$.

令
$$2k\pi+\frac{\pi}{2}\leqslant\frac{3}{2}x+\frac{\pi}{6}\leqslant2k\pi+\frac{3\pi}{2},k\in\mathbf{Z},$$

得
$$\frac{4k\pi}{3}+\frac{2\pi}{9}\leqslant x\leqslant\frac{4k\pi}{3}+\frac{8\pi}{9},k\in\mathbf{Z},$$

所以函数 $f(x)$ 的单调递减区间为 $\left[\frac{4k\pi}{3}+\frac{2\pi}{9},\frac{4k\pi}{3}+\frac{8\pi}{9}\right],k\in\mathbf{Z}.$

【解题指要】 本题考查三角恒等变形和三角函数的性质.

（23）【参考答案】 解 （Ⅰ）由已知，$b_n=1+2(n-1)=2n-1,S_n=2n^2-n.$

当 $n=1$ 时，$\qquad\qquad\qquad\qquad a_1=1;$

当 $n\geqslant2$ 时，$\qquad\qquad\qquad a_n=S_n-S_{n-1}=4n-3,$

所以 $\qquad\qquad\qquad\qquad\qquad a_n=4n-3.$

（Ⅱ）$\qquad\qquad c_n=\frac{1}{(4n-3)(4n+1)}=\frac{1}{4}\left(\frac{1}{4n-3}-\frac{1}{4n+1}\right),$

$$T_n=c_1+c_2+\cdots+c_n$$

$$=\frac{1}{4}\left[\left(1-\frac{1}{5}\right)+\left(\frac{1}{5}-\frac{1}{9}\right)+\cdots+\left(\frac{1}{4n-3}-\frac{1}{4n+1}\right)\right]$$

$$=\frac{1}{4}\left(1-\frac{1}{4n+1}\right)=\frac{n}{4n+1}.$$

【解题指要】 本题考查考生对数列的通项公式及数列求和等知识的掌握情况. 考生要熟悉常用的解题方法.

（24）【参考答案】 解 （Ⅰ）因为 $f(x)=mx^3+nx^2$，所以 $f'(x)=3mx^2+2nx.$
由已知得 $f'(2)=0$，所以 $3m+n=0$，即 $n=-3m.$
（Ⅱ）因为 $n=-3m$，所以 $f(x)=mx^3-3mx^2$，则 $f'(x)=3mx^2-6mx.$
令 $f'(x)>0$，得 $3mx^2-6mx>0.$
当 $m>0$ 时，解 $3mx^2-6mx>0$ 得 $x<0$ 或 $x>2;$
当 $m<0$ 时，解 $3mx^2-6mx>0$ 得 $0<x<2.$
由此知当 $m>0$ 时，函数 $f(x)$ 的单调增区间为 $(-\infty,0)$，$(2,+\infty)$；当 $m<0$ 时，函数 $f(x)$ 的单调增区间为 $(0,2).$

【解题指要】 本题考查导数的基本知识.
函数在某点处的切线的斜率等于函数在该点处的导数值，这是导数的几何意义，在解决问题的过程中有重要的作用.
利用导数判断函数的单调性主要是研究导函数的正负，与不等式的知识有紧密的联系，学习过程中一定要引起足够的重视.

（25）【参考答案】 解 设 $P(x,y)$，易知 $A(0,-1).$
由 $|PF_1|,|PA|,|PF_2|$ 成等差数列可得 $|PF_1|+|PF_2|=2|PA|.$
由椭圆的定义知 $|PF_1|+|PF_2|=2a=4$，故 $|PA|=2$，即
$$\sqrt{x^2+(y+1)^2}=2,\qquad x^2+(y+1)^2=4.$$
又 $x^2+4y^2=4$，所以

$4y^2-(y+1)^2=0$,解得 $y=1$ 或 $y=-\dfrac{1}{3}$.

由 $y=1$ 得 $x=0$,由 $y=-\dfrac{1}{3}$ 得 $x=\pm\dfrac{4\sqrt{2}}{3}$,故 $P_1(0,1)$,$P_2\left(\dfrac{4\sqrt{2}}{3},-\dfrac{1}{3}\right)$,$P_3\left(-\dfrac{4\sqrt{2}}{3},-\dfrac{1}{3}\right)$ 为所求的点.

【解题指要】　三个数成等差数列,容易想到等差中项,可得 $|PF_1|+|PF_2|=2|PA|$.

数学(理工农医类)模拟试卷(五)

本试卷分第Ⅰ卷(选择题)和第Ⅱ卷(非选择题)两部分.满分150分,考试时间120分钟.

第Ⅰ卷(选择题,共85分)

一、**选择题**:本大题共17小题,每小题5分,共85分.在每小题给出的四个选项中,只有一项是符合题目要求的.

(1) 设集合 $M = \{-1, 0, 1, 2, 8\}$,$N = \{x \mid x \leq 2\}$,则 $M \cap N =$

(A) $\{0, 1, 2\}$ (B) $\{-1, 0, 1\}$ (C) $\{-1, 0, 1, 2\}$ (D) $\{0, 1\}$

(2) 不等式 $\dfrac{3x-1}{x-2} \leq 0$ 的解集为

(A) $\left\{ x \mid \dfrac{1}{3} \leq x \leq 2 \right\}$ 　　　　　 (B) $\left\{ x \mid \dfrac{1}{3} \leq x < 2 \right\}$

(C) $\left\{ x \mid x > 2 \text{ 或 } x \leq \dfrac{1}{3} \right\}$ 　　　 (D) $\{x \mid x < 2\}$

(3) 已知双曲线 $kx^2 - y^2 = 1$ 的一条渐近线与直线 $2x + y + 1 = 0$ 垂直,则该双曲线的离心率是

(A) $\dfrac{\sqrt{5}}{2}$ (B) $\dfrac{\sqrt{3}}{2}$ (C) $4\sqrt{3}$ (D) $\sqrt{5}$

(4) 如果数列 $\{a_n\}$ 中,$a_1 = 1$,$a_n = \dfrac{1}{2} a_{n-1}$ $(n > 1, n \in \mathbf{N}^*)$,则 $a_1 + a_2 + a_3 + a_4 + a_5 + a_6 =$

(A) 63   (B) $\dfrac{127}{64}$ (C) $\dfrac{32}{63}$ (D) $\dfrac{63}{32}$

(5) 函数 $y = \sin\left(2x + \dfrac{\pi}{6}\right)$ 的最小正周期是

(A) $\dfrac{\pi}{2}$ (B) π (C) 2π (D) 4π

(6) 若函数 $f(x) = 1 + \log_a x$ 在区间 $(0, +\infty)$ 内是减函数,则实数 a 的取值范围是

(A) $a > 1$ (B) $a > 2$ (C) $1 < a < 2$ (D) $0 < a < 1$

(7) 已知向量 $\boldsymbol{a} = (3, 4)$,$\boldsymbol{b} = (\sin \alpha, \cos \alpha)$,$\boldsymbol{a} // \boldsymbol{b}$,则 $\tan \alpha$ 等于

(A) $\dfrac{3}{4}$ (B) $-\dfrac{1}{4}$ (C) $\dfrac{4}{3}$ (D) $-\dfrac{4}{3}$

（8）$a>b$ 是 $ac^2>bc^2$ 成立的

（A）充分非必要条件　　　　　　　（B）必要非充分条件

（C）充分必要条件　　　　　　　　（D）既不充分又不必要条件

（9）已知二次函数的图像以点 $(1,3)$ 为顶点，并过点 $(2,5)$，则此二次函数的解析式为

（A）$y=2x^2+4x-5$　　　　　　　（B）$y=2x^2-4x+5$

（C）$y=2x^2+4x+5$　　　　　　　（D）$y=2x^2-4x-5$

（10）复数 $\dfrac{(1+i)^2}{1-i}$ 等于

（A）$1-i$　　　（B）$1+i$　　　（C）$-1+i$　　　（D）$-1-i$

（11）$\cos\dfrac{7\pi}{6}=$

（A）$\dfrac{\sqrt{3}}{2}$　　　（B）$\dfrac{1}{2}$　　　（C）$-\dfrac{1}{2}$　　　（D）$-\dfrac{\sqrt{3}}{2}$

（12）抛物线 $x^2=4y$ 上一点 A 的纵坐标为 4，则点 A 与抛物线焦点的距离为

（A）2　　　（B）3　　　（C）4　　　（D）5

（13）任意掷 3 枚硬币，恰有 2 枚硬币正面向上的概率是

（A）$\dfrac{3}{4}$　　　（B）$\dfrac{3}{8}$　　　（C）$\dfrac{1}{3}$　　　（D）$\dfrac{2}{3}$

（14）若直线 $x+ay+2=0$ 和直线 $2x+3y+1=0$ 互相垂直，则 $a=$

（A）$-\dfrac{2}{3}$　　　（B）$-\dfrac{3}{2}$　　　（C）$\dfrac{2}{3}$　　　（D）$\dfrac{3}{2}$

（15）在 $\left(2x^2-\dfrac{1}{x}\right)^6$ 的展开式中常数项是

（A）-15　　　（B）15　　　（C）-60　　　（D）60

（16）设 $m>n>0$，且 $a=0.9^m\times0.8^n$，$b=0.9^n\times0.8^m$，那么 a 与 b 的大小关系是

（A）$a=b$　　　　　　　　　　　（B）$a>b$

（C）$a<b$　　　　　　　　　　　（D）不能确定的

（17）已知 $a>0$，$a\neq1$，则 $a^0+\log_a a=$

（A）a　　　（B）2　　　（C）1　　　（D）0

第Ⅱ卷(非选择题,共65分)

注意事项:

1. 用钢笔或圆珠笔直接答在试卷中.
2. 答卷前将密封线内的项目填写清楚.

题　号	二	三				总　分
		22	23	24	25	
分　数						

得分	评卷人

二、填空题: 本大题共4小题,每小题4分,共16分.把答案填在题中横线上.

(18) 不等式 $|5-2x|-1>0$ 的解集是_____.

(19) 在正方体 $ABCD\text{-}A_1B_1C_1D_1$ 中,异面直线 AC 与 BC_1 所成角的大小是_____.

(20) 曲线 $y=mx^3+1$ 在点 $(1,1+m)$ 处切线的斜率为3,则 $m=$ _____.

(21) 已知 $\boldsymbol{a}=(6,2)$,$\boldsymbol{b}=\left(-4,\dfrac{1}{2}\right)$,直线 l 过点 $A(3,-1)$,且与向量 $\boldsymbol{a}+2\boldsymbol{b}$ 垂直,则直线 l 的一般方程为_____.

三、解答题: 本大题共4小题,共49分.解答应写出推理、演算步骤.

得分	评卷人

(22)(本小题满分12分)

已知 a,b,c 分别是 $\triangle ABC$ 中角 A,B,C 的对边,且 $a^2+c^2-b^2=ac$.

(Ⅰ)求角 B 的大小;

(Ⅱ)若 $c=3a$,求 $\cos A$.

得分	评卷人

(23)(本小题满分 12 分)

已知函数 $f(x)=\dfrac{x}{2x+1}$,数列 $\{b_n\}$ 满足 $b_1=\dfrac{1}{3}$,$b_n=f(b_{n-1})$ ($n\geqslant 2$,$n\in\mathbf{N}^+$).

(Ⅰ)求 b_2,b_3;

(Ⅱ)求证数列 $\left\{\dfrac{1}{b_n}\right\}$ 为等差数列;

(Ⅲ)求 $\{b_n\}$ 的通项公式.

得分	评卷人

(24)(本小题满分 12 分)

已知 a 为实数,$f(x)=(x^2-4)(x-a)$.

(Ⅰ)求导数 $f'(x)$;

(Ⅱ)若 $f'(-1)=0$,求 $f(x)$ 在 $[-2,2]$ 上的最大值和最小值.

得分	评卷人

(25)(本小题满分 13 分)

已知过点 $(0,4)$,斜率为 -1 的直线 l 与抛物线 $C:y^2=2px$ ($p>0$)交于 A,B 两点.

(Ⅰ)求 C 的顶点到 l 的距离;

(Ⅱ)若线段 AB 中点的横坐标为 6,求 C 的焦点坐标.

数学(理工农医类)模拟试卷(五)参考答案及解题指要

一、选择题

(1)【参考答案】 (C)
$$M \cap N = \{-1, 0, 1, 2\}.$$

【解题指要】 本题考查集合的知识.

(2)【参考答案】 (B)
$$\frac{3x-1}{x-2} \leqslant 0 \Leftrightarrow \begin{cases} (3x-1)(x-2) \leqslant 0, \\ x \neq 2, \end{cases}$$

得 $\dfrac{1}{3} \leqslant x < 2$,即该不等式的解集为 $\left\{ x \mid \dfrac{1}{3} \leqslant x < 2 \right\}$.

【解题指要】 分式不等式转化为整式不等式时要注意等价性.本题易误选答案(A),而实际上 $x=2$ 时,原不等式无意义,故错.

(3)【参考答案】 (A)

双曲线的方程可化为 $\dfrac{x^2}{\frac{1}{k}} - y^2 = 1$,知其渐近线方程为 $y = \pm \dfrac{1}{\sqrt{\frac{1}{k}}} x = \pm \sqrt{k}\, x$,故由已知可得:

$\sqrt{k} \cdot (-2) = -1 \Rightarrow k = \dfrac{1}{4}$,从而 $e = \dfrac{c}{a} = \dfrac{\sqrt{5}}{2}$,故选(A).

【解题指要】 本题考查双曲线的基本量求解和直线垂直的相关知识.

(4)【参考答案】 (D)
$$a_1 = 1, \ a_n = \frac{1}{2} a_{n-1}, \ \text{即} \ \frac{a_n}{a_{n-1}} = \frac{1}{2} = q,$$

所以
$$S_6 = \frac{a_1(1-q^6)}{1-q} = \frac{1 \times \left[1 - \left(\frac{1}{2}\right)^6\right]}{1 - \frac{1}{2}} = \frac{63}{32}.$$

【解题指要】 本题考查等比数列及其前 n 项和的有关知识.本题用递推形式给出了公比 $q = \dfrac{1}{2}$,代入前 n 项和公式,即可得解.

(5)【参考答案】 (B)

$T = \dfrac{2\pi}{|\omega|} = \dfrac{2\pi}{2} = \pi$,故选(B).

【解题指要】 本题主要考查三角函数周期的求法.

(6)【参考答案】 (D)

函数 $f(x) = 1 + \log_a x$ 和函数 $y = \log_a x$ 的单调性是相同的,故由对数函数的性质知 $0 < a < 1$.

【解题指要】 本题考查对数函数的单调性.

当 $a > 1$ 时,$y = \log_a x$ 在区间 $(0, +\infty)$ 内是增函数;当 $0 < a < 1$ 时,$y = \log_a x$ 在区间 $(0, +\infty)$ 内是

减函数.

(7)【参考答案】 （A）

因为 $\boldsymbol{a}/\!/\boldsymbol{b}$，所以

$$\sin \alpha=3k,\cos \alpha=4k,\tan \alpha=\frac{3}{4},$$

故选（A）.

【解题指要】 本题考查向量平行及三角函数的相关内容.

(8)【参考答案】 （B）

若 $c=0$，则 $a>b\not\Rightarrow ac^2>bc^2$；反之，若 $ac^2>bc^2$，必有 $a>b$. 故 $a>b$ 是 $ac^2>bc^2$ 成立的必要非充分条件.

【解题指要】 本题考查不等式的性质及充要条件的相关知识.

在解决充要条件的问题时一定要注意方向性.

(9)【参考答案】 （B）

设 $y=a(x-1)^2+3$. 函数的图像过点 $(2,5)$，则有：

$$5=a(2-1)^2+3,\quad 得\ a=2,$$

所以

$$y=2(x-1)^2+3=2x^2-4x+5,$$

应选（B）.

【解题指要】 本题考查二次函数的知识.

用待定系数法求函数的解析式是常用的方法，应注意体会.

(10)【参考答案】 （C）

$$原式=\frac{2i(1+i)}{2}=-1+i.$$

【解题指要】 本题考查复数的运算. 按复数运算法则运算即可.

(11)【参考答案】 （D）

$$\cos \frac{7\pi}{6}=\cos\left(\pi+\frac{\pi}{6}\right)=-\cos \frac{\pi}{6}=-\frac{\sqrt{3}}{2}.$$

【解题指要】 本题考查三角函数知识.

(12)【参考答案】 （D）

由 $x^2=4y$ 知抛物线的准线方程为 $y=-1$，据抛物线定义，点 A 与焦点的距离等于 A 到准线的距离，由 A 的纵坐标为 4，知距离应为 5.

【解题指要】 本题考查抛物线的基本知识.

(13)【参考答案】 （B）

任意掷 3 枚硬币，所有等可能的结果共有 8 种，其中恰有 2 枚正面向上的结果有 3 种，故所求概率为 $\frac{3}{8}$. 应选（B）.

【解题指要】 本题也可以看成是 3 次独立重复试验，每次试验认为是掷 1 次硬币，由公式可得：

$$P_3(1)=C_3^1\times\left(\frac{1}{2}\right)^1\times\left(1-\frac{1}{2}\right)^{3-1}=\frac{3}{8}.$$

（14）【参考答案】　（A）

由两条已知直线互相垂直可得 $1\times2+3\times a=0$，得 $a=-\dfrac{2}{3}$．应选（A）．

【解题指要】　本题考查两条直线的位置关系．

在判断两条直线的垂直关系时，通常利用直线的斜率．也可以用下面的充要条件，较为简捷：

设两条直线 l_1 和 l_2 分别为：

$$l_1:A_1x+B_1y+C_1=0\ (A_1^2+B_1^2\neq0)，\quad l_2:A_2x+B_2y+C_2=0\ (A_2^2+B_2^2\neq0)，$$

则

$$l_1\perp l_2\Leftrightarrow A_1A_2+B_1B_2=0.$$

（15）【参考答案】　（D）

$$T_{r+1}=C_6^r2^{6-r}(-1)^rx^{12-3r}，$$

令 $12-3r=0\Rightarrow r=4$，故常数项为

$$T_{4+1}=C_6^42^{6-4}(-1)^4=60，$$

故选（D）．

【解题指要】　本题主要考查二项展开式的通项公式的应用．

（16）【参考答案】　（B）

$$\frac{a}{b}=\frac{0.9^m\times0.8^n}{0.9^n\times0.8^m}=\left(\frac{0.9}{0.8}\right)^m\cdot\left(\frac{0.8}{0.9}\right)^n=\left(\frac{0.9}{0.8}\right)^m\cdot\left(\frac{0.9}{0.8}\right)^{-n}=\left(\frac{0.9}{0.8}\right)^{m-n}，$$

因为 $m-n>0$，所以 $\left(\dfrac{0.9}{0.8}\right)^{m-n}>1$．

【解题指要】　本题考查指数函数的性质．

比较两个正数的大小，可以用比值法或作差法．

（17）【参考答案】　（B）

由于 $a\neq0$ 时有 $a^0=1$，而 $a>0$ 且 $a\neq1$ 时 $\log_a a=1$，所以

$$a^0+\log_a a=2.$$

【解题指要】　本题考查对数和指数知识．方幂运算要避免 $3^{-2}=-3^2$ 的错误，事实上：$3^{-2}=\dfrac{1}{3^2}=\dfrac{1}{9}$；还要避免 $a^0=0$ 的错误，事实上：$a^0=1\ (a\neq0)$．

对数运算应熟知：$\log_a1=0$ 和 $\log_a a=1\ (a>0,a\neq1)$．

二、填空题

（18）【参考答案】　$\{x\mid x<2$ 或 $x>3\}$

由 $|5-2x|-1>0$ 可得 $|2x-5|>1$，得 $2x-5>1$ 或 $2x-5<-1$，解得 $x>3$ 或 $x<2$．

【解题指要】　本题考查绝对值不等式的解法．绝对值不等式的变形方法为：$|f(x)|>g(x)\Leftrightarrow f(x)>g(x)$ 或 $f(x)<-g(x)$，$|f(x)|<g(x)\Leftrightarrow-g(x)<f(x)<g(x)$．

（19）【参考答案】　60°

在正方体 $ABCD$-$A_1B_1C_1D_1$ 中，$AD_1/\!/BC_1$，所以 AC 与 AD_1 所成的角就是 AC 与 BC_1 所成的角．连接 D_1C，由 $AC=AD_1=D_1C$ 知所求角为 60°．

【解题指要】　本题考查异面直线所成角的求法．

求异面直线所成的角通常是通过作平行线的方法变成求两相交直线所成的角.

(20)【参考答案】　1

对 $y=mx^3+1$ 求导,得 $y'=3mx^2$.

又知曲线在点 $(1,1+m)$ 处切线的斜率为 3,即有

$$3=3m\cdot 1^2=3m,解得\ m=1.$$

【解题指要】　本题考查导数的应用.导数的几何意义:曲线上某点处的导数,即是曲线在该点处切线的斜率.

(21)【参考答案】　$2x-3y-9=0$

直线 l 上任取一点 $P(x,y)$,则 $\overrightarrow{PA}=(3-x,-1-y)$.

因为　　　　　　　　　　　　$\boldsymbol{a}+2\boldsymbol{b}=(-2,3)$,

所以　　　　　　　　　　$(3-x,-1-y)\cdot(-2,3)=0$,

$$-2(3-x)+3(-1-y)=0,即\ 2x-3y-9=0.$$

三、解答题

(22)【参考答案】　解　(Ⅰ)由余弦定理得

$$\cos B=\frac{a^2+c^2-b^2}{2ac}=\frac{1}{2},$$

因为 $0<B<\pi$,所以 $B=\dfrac{\pi}{3}$.

(Ⅱ)将 $c=3a$ 代入 $a^2+c^2-b^2=ac$ 得 $b=\sqrt{7}a$. 由余弦定理得

$$\cos A=\frac{b^2+c^2-a^2}{2bc}=\frac{5}{14}\sqrt{7}.$$

【解题指要】　本题考查解三角形的知识.

(23)【参考答案】　解　(Ⅰ)当 $n\geqslant 2$ 时,$b_n=f(b_{n-1})=\dfrac{b_{n-1}}{2b_{n-1}+1}$. 由 $b_1=\dfrac{1}{3}$,得 $b_2=\dfrac{1}{5}$,$b_3=\dfrac{1}{7}$.

(Ⅱ)因为 $b_n=\dfrac{b_{n-1}}{2b_{n-1}+1}$,所以

$$\frac{1}{b_n}=\frac{2b_{n-1}+1}{b_{n-1}}=\frac{1}{b_{n-1}}+2,即\ \frac{1}{b_n}-\frac{1}{b_{n-1}}=2,$$

所以 $\left\{\dfrac{1}{b_n}\right\}$ 是等差数列.

(Ⅲ)　　　　　　　　　　$\dfrac{1}{b_n}=\dfrac{1}{b_1}+2(n-1)=2n+1$,

所以　　$b_n=\dfrac{1}{2n+1}$.

【解题指要】　本题考查等差数列和函数表达式的知识.通过构造 $\left\{\dfrac{1}{b_n}\right\}$ 为等差数列,然后求出 b_n,有一定的综合能力要求.

(24)【参考答案】　解　(Ⅰ)$f'(x)=2x(x-a)+(x^2-4)=3x^2-2ax-4$.

(Ⅱ)　　　　　　　　$f'(-1)=3(-1)^2-2a(-1)-4=2a-1=0$,

得 $a=\dfrac{1}{2}$,所以

$$f'(x)=3x^2-x-4=(3x-4)(x+1).$$

当 $x=-1$ 或 $x=\dfrac{4}{3}$ 时,$f'(x)=0$.

当 $x\in(-2,-1)$ 时,$f'(x)>0$,$f(x)$ 单调递增;当 $x\in\left(-1,\dfrac{4}{3}\right)$ 时,$f'(x)<0$,$f(x)$ 单调递减;当

$x\in\left(\dfrac{4}{3},2\right)$ 时,$f'(x)>0$,$f(x)$ 单调递增.而

$$f(-2)=0,f(-1)=\frac{9}{2},f\left(\frac{4}{3}\right)=-\frac{50}{27},f(2)=0,$$

所以 $f(x)$ 在 $[-2,2]$ 上的最大值为 $f(-1)=\dfrac{9}{2}$,最小值为 $f\left(\dfrac{4}{3}\right)=-\dfrac{50}{27}$.

【解题指要】　本题考查考生对极大值、极小值、最大值和最小值的理解,考查考生对多项式求导的掌握情况.

(25)【参考答案】　(Ⅰ)由已知得直线 l 的方程为 $x+y-4=0$,C 的顶点坐标为 $O(0,0)$.

根据点 (x_0,y_0) 到直线 $Ax+By+C=0$ 的距离公式

$$d=\frac{|Ax_0+By_0+C|}{\sqrt{A^2+B^2}},$$

所以 O 到 l 的距离为

$$d=\frac{|0+0-4|}{\sqrt{2}}=2\sqrt{2}.$$

(Ⅱ)把 l 的方程代入 C 的方程,得

$$x^2-(8+2p)x+16=0.$$

设 $A(x_1,y_1)$,$B(x_2,y_2)$,则 x_1,x_2 满足上述方程,故 $x_1+x_2=8+2p$.

又 $\dfrac{x_1+x_2}{2}=6$,可得

$$\frac{8+2p}{2}=6,解得\ p=2,$$

所以 C 的焦点坐标为 $(1,0)$.

【解题指要】　一元二次方程 $ax^2+bx+c=0$ 有两个实根 x_1 和 x_2,则

$$x_1+x_2=-\frac{b}{a},\ x_1\cdot x_2=\frac{c}{a}.$$

应用此结论解题是须知应会的重要内容.

数学(理工农医类)模拟试卷(六)

本试卷分第Ⅰ卷(选择题)和第Ⅱ卷(非选择题)两部分.满分 150 分,考试时间 120 分钟.

第 Ⅰ 卷(选择题,共 85 分)

注意事项:

1. 答第Ⅰ卷前,考生务必将自己的姓名、准考证号、考试科目用铅笔涂写在答题卡上.

2. 每小题选出答案后,用铅笔把答题卡上对应题目的答案标号涂黑,如需改动,用橡皮擦干净后,再选涂其他答案,不能答在试卷上.

3. 考试结束,监考人将本试卷和答题卡一并收回.

4. 在本试卷中,$\tan \alpha$ 表示角 α 的正切,$\cot \alpha$ 表示角 α 的余切.

一、选择题:本大题共 17 小题,每小题 5 分,共 85 分. 在每小题给出的四个选项中,只有一项是符合题目要求的.

(1) 设全集 $S=\{0,-1,-2,-3,-4\}$,集合 $M=\{0,-1,-2\}$,$N=\{0,-3,-4\}$,则 $\complement_S M \cap N=$

(A) $\{0\}$ (B) $\{-3,-4\}$ (C) $\{-1,-2\}$ (D) $\varnothing$

(2) 函数 $y=\lg(x-1)$ 的定义域是

(A) $\{x|x>0\}$ (B) $\{x|x>1\}$ (C) $\{x|1<x<2\}$ (D) $\{x|x>2\}$

(3) 在等差数列 $\{a_n\}$ 中,$a_4=4+a_2$,则 a_9-a_6 等于

(A) 2   (B) 4   (C) 6   (D) 8

(4) $\left(\dfrac{1-\sqrt{3}\,i}{1+i}\right)^2=$

(A) $\sqrt{3}+i$ (B) $-\sqrt{3}-i$ (C) $\sqrt{3}-i$ (D) $-\sqrt{3}+i$

(5) 在 $\triangle ABC$ 中,角 $C=90°$,若 $AC=3$,$BC=4$,则 $\cos(A+B)$ 的值是

(A) $\dfrac{24}{25}$ (B) $\dfrac{7}{25}$ (C) 1   (D) 0

(6) 设 $\log_a \dfrac{2}{3}<1$ $(0<a<1)$,则 a 的取值范围是

(A) $\left(\dfrac{2}{3},1\right)$ (B) $(0,1)$ (C) $\left(0,\dfrac{2}{3}\right)$ (D) $\left(0,\dfrac{2}{3}\right]$

(7) 函数 $y=\cos^4 x-\sin^4 x$ 的最小正周期是

(A) 4π (B) 2π (C) π (D) $\dfrac{\pi}{2}$

(8) 命题 $p:\alpha=30°$,命题 $q:\sin \alpha=\dfrac{1}{2}$,则 p 是 q 的

(A) 充分但不必要条件　　　　　　　　　(B) 必要但不充分条件

(C) 充要条件　　　　　　　　　　　　　(D) 既不充分也不必要条件

(9) 在 $\left(\dfrac{1}{x}-2x\right)^6$ 的展开式中 x^2 的系数是

(A) 240　　　　　　(B) 15　　　　　　(C) −15　　　　　　(D) −240

(10) 下列命题中,正确的是

(A) 平行于同一个平面的两条直线平行

(B) 平行于同一条直线的两条直线平行

(C) 垂直于同一条直线的两条直线平行

(D) 两条直线没有公共点,那么两条直线平行

(11) 与直线 $y=4x-1$ 平行的曲线 $y=x^3+x-2$ 的切线方程是

(A) $4x-y=0$　　　　　　　　　　　　(B) $4x-y-4=0$

(C) $4x-y-2=0$　　　　　　　　　　　(D) $4x-y=0$ 或 $4x-y-4=0$

(12) 若圆 C 与圆 $(x+2)^2+(y-1)^2=1$ 关于原点对称,则圆 C 的方程是

(A) $(x-2)^2+(y+1)^2=1$　　　　　　　(B) $(x-2)^2+(y-1)^2=1$

(C) $(x-1)^2+(y+2)^2=1$　　　　　　　(D) $(x+2)^2+(y+1)^2=1$

(13) 如果 a,b,c 成等比数列,那么函数 $f(x)=ax^2+bx+c$ 的图像与 x 轴的交点个数是

(A) 0 个　　　　(B) 恰有一个　　　　(C) 2 个　　　　(D) 不能确定

(14) 正四棱锥的侧棱长与底面边长都是 1,则侧棱与底面所成的角为

(A) 75°　　　　　　(B) 60°　　　　　　(C) 45°　　　　　　(D) 30°

(15) 已知 $\boldsymbol{a}=(\cos \alpha,1,\sin \alpha)$,$\boldsymbol{b}=(\sin \alpha,1,\cos \alpha)$,则向量 $\boldsymbol{a}+\boldsymbol{b}$ 与 $\boldsymbol{a}-\boldsymbol{b}$ 的夹角是

(A) 90°　　　　　　(B) 60°　　　　　　(C) 30°　　　　　　(D) 0°

(16) 设直线 l 过点 $(-2,0)$ 且与圆 $x^2+y^2=1$ 相切,则 l 的斜率是

(A) ± 1　　　　(B) $\pm\dfrac{1}{2}$　　　　(C) $\pm\dfrac{\sqrt{3}}{3}$　　　　(D) $\pm\sqrt{3}$

(17) 从 7 名男生和 5 名女生中选 5 人组成代表队,其中男生 3 名,女生 2 名,则不同的选法共有

(A) 45 种　　　　(B) 350 种　　　　(C) 792 种　　　　(D) 4 200 种

第 Ⅱ 卷 (非选择题,共 65 分)

注意事项:

1. 用钢笔或圆珠笔直接答在试卷中.

2. 答卷前将密封线内的项目填写清楚.

题　号	二	三				总　分
		22	23	24	25	
分　数						

得分	评卷人

　　二、填空题:本大题共 4 小题,每小题 4 分,共 16 分.把答案填在题中横线上.

(18) 过点 $M(-3,2)$ 且与直线 $x+2y-9=0$ 平行的直线方程是_____.

(19) 同时抛掷两枚相同的均匀硬币,随机变量 $\xi=1$ 表示结果中有正面向上,$\xi=0$ 表示结果中没有正面向上,则 $E\xi=$_____.

(20) 抛物线 $x^2=4y$ 的焦点坐标是_____,准线方程是_____.

(21) 已知 $\cos\alpha=\dfrac{3}{5}$,则 $\cos(\pi-2\alpha)=$_____.

三、解答题:本大题共 4 小题,共 49 分.解答应写出推理、演算步骤.

得分	评卷人

　　(22)(本小题满分 12 分)

已知函数 $f(x)=5\sin\left(2x-\dfrac{\pi}{3}\right)$.

(Ⅰ) 求 $f(x)$ 的最小正周期和最大值;

(Ⅱ) 求 $f(x)$ 的单调区间.

得分	评卷人

　　(23)(本小题满分 12 分)

已知实数 a,b,c 成等差数列,$a+1,b+1,c+4$ 成等比数列,且 $a+b+c=15$,求 a,b,c.

得分	评卷人

(24)（本小题满分 12 分）

已知抛物线的顶点为坐标原点,焦点是圆 $x^2+y^2-2x=0$ 的圆心,过焦点作斜率为 1 的直线与抛物线交于 A,B 两点,求 $|AB|$.

得分	评卷人

(25)（本小题满分 13 分）

已知函数 $f(x)=x^3+ax^2+bx+c$ 当 $x=-1$ 时取得极大值 7,当 $x=3$ 时取得极小值,求 $f(x)$ 的极小值及此时 a,b,c 的值.

数学(理工农医类)模拟试卷(六)参考答案及解题指要

一、选择题

(1)【参考答案】 (B)

因为 $\complement_S M = \{-3,-4\}$，$\complement_S M \cap N = \{-3,-4\}$，故选(B).

【解题指要】 本题主要考查集合的交、补运算.

(2)【参考答案】 (B)

对数函数 $y = \log_a x$ 的定义域为 $\{x \mid x > 0\}$. 此题则令 $x-1 > 0$，即知应选(B).

【解题指要】 此题考查对数函数定义域的求法.

(3)【参考答案】 (C)

等差数列中，由 $a_4 = 4 + a_2$ 可得 $a_4 - a_2 = 4 = 2d$，$d=2$，而 $a_9 - a_6 = 3d = 6$，故选(C).

【解题指要】 本题考查等差数列的基本知识. 等差数列的通项公式为 $a_n = a_1 + (n-1)d$，本题主要考查此公式. 对等差数列，一定要熟练掌握几个基本量 (a_1, a_n, n, d, S_n) 的关系.

(4)【参考答案】 (D)

$$\left(\frac{1-\sqrt{3}\,\mathrm{i}}{1+\mathrm{i}}\right)^2 = \frac{(1-\sqrt{3}\,\mathrm{i})^2}{(1+\mathrm{i})^2} = \frac{-2-2\sqrt{3}\,\mathrm{i}}{2\mathrm{i}} = -(\sqrt{3}-\mathrm{i}) = -\sqrt{3}+\mathrm{i}.$$

【解题指要】 本题考查复数运算. 乘方后实数化分母即可得答案.

(5)【参考答案】 (D)

本题中，由角 $C = 90°$ 可知 $A + B = 90°$，故 $\cos(A+B)$ 的值为 0，应选(D).

【解题指要】 本题考查解三角形的基本知识. 由已知角 $C = 90°$ 及 $A+B+C = 180°$ 知 $A+B = 90°$，可得答案；也可由已知得 $AB = 5$，又 $\cos(A+B) = \cos A \cos B - \sin A \sin B$，在 $\mathrm{Rt}\triangle ABC$ 中，$\sin A = \frac{4}{5}$，$\cos A = \frac{3}{5}$，$\cos B = \frac{4}{5}$，$\sin B = \frac{3}{5}$，代入可得 $\cos(A+B) = 0$.

(6)【参考答案】 (C)

由 $\log_a \frac{2}{3} < 1$ 可得 $\log_a \frac{2}{3} < \log_a a$，由 $0 < a < 1$ 知函数 $y = \log_a x$ 为减函数，故有 $a < \frac{2}{3}$，即 $0 < a < \frac{2}{3}$，应选(C).

【解题指要】 本题考查对数函数 $y = \log_a x$ ($a > 0$ 且 $a \neq 1$) 的单调性. 对数函数的单调性由底 a 来确定，当 $a > 1$ 时为增函数，当 $0 < a < 1$ 时为减函数.

(7)【参考答案】 (C)

$$y = \cos^4 x - \sin^4 x = (\cos^2 x - \sin^2 x)(\cos^2 x + \sin^2 x) = \cos^2 x - \sin^2 x = \cos 2x,$$

所以

$$T = \frac{2\pi}{2} = \pi.$$

【解题指要】 要求此类函数的最小正周期，需将函数化为 $y = A\sin(\omega x + \varphi)$，$y = A\cos(\omega x + \varphi)$ 或 $y = \tan(\omega x + \varphi)$ 的形式，然后利用公式求解.

(8)【参考答案】 (A)

由于 $\alpha=30°$ 时,$\sin\alpha=\dfrac{1}{2}$ 是正确命题,即 $p\Rightarrow q$;反之 $q\not\Rightarrow p$,所以选(A).

【解题指要】　本题考查三角函数知识和充分必要条件.

(9)**【参考答案】**　(A)

展开式中含 x^2 的项为 $C_6^4\left(\dfrac{1}{x}\right)^2(-2x)^4=240x^2$,其系数为 240.

【解题指要】　本题考查二项式定理的相关知识.解题过程中要注意展开式的系数和二项式系数的区别.

(10)**【参考答案】**　(B)

平行于同一条直线的两条直线平行,这一结论称为平行公理,在平面内和空间均成立,故(B)正确.

对于(A),平行于同一个平面的两条直线可以平行、相交或异面.

对于(C),这一结论在平面内成立,但在空间不一定成立.

对于(D),两条直线没有公共点,那么两条直线平行或异面.

(11)**【参考答案】**　(D)

$y'=3x^2+1$,由 $y'=4$ 解得 $x=\pm1$.由 $x=1$ 得 $y=0$,由 $x=-1$ 得 $y=-4$,故切线方程分别为

$$y-0=4(x-1)\ \text{和}\ y+4=4(x+1),$$

应选(D).

【解题指要】　本题考查导数的几何意义.曲线在某一点的导数的几何意义是曲线在这一点的切线的斜率.

(12)**【参考答案】**　(A)

已知圆的圆心为 $(-2,1)$,半径为 1,圆 C 与已知圆关于原点对称,则圆 C 的圆心应与 $(-2,1)$ 关于原点对称,半径不变,仍为 1,故圆 C 的圆心应为 $(2,-1)$,半径为 1,方程为 $(x-2)^2+(y+1)^2=1$.应选(A).

【解题指要】　本题考查圆的基础知识.由已知圆的方程可得圆心及半径,由两圆关于原点对称可得圆 C 的圆心和半径,从而可得圆 C 的方程.

(13)**【参考答案】**　(A)

由 a,b,c 成等比数列可得 $b^2=ac$.

又　　　　　　　　　　$\Delta=b^2-4ac=-3b^2<0\quad(b\neq0)$,

所以 $f(x)=ax^2+bx+c$ 的图像与 x 轴无交点.

【解题指要】　本题考查等比数列及二次函数的知识.

由 a,b,c 成等比数列知 $b^2=ac$,且 a,b,c 均不为零;判断二次函数的图像与 x 轴的交点个数主要由判别式 Δ 来确定.

(14)**【参考答案】**　(C)

正四棱锥底面对角线的长为 $\sqrt{2}$,两个相对的侧棱和底面的对角线组成等腰直角三角形,所以侧棱与底面所成的角为 $45°$.

【解题指要】　本题考查棱锥的概念和性质、直线和平面所成的角等知识.

在立体几何的学习中,对基本概念一定要熟练掌握,对四面体、正方体等基本几何图形应仔细研究.

(15)【参考答案】 (A)

由已知条件可得 $|a| = |b|$,则有

$$(a+b) \cdot (a-b) = a^2 - b^2 = |a|^2 - |b|^2 = 0,$$

故 $(a+b) \perp (a-b)$.

【解题指要】 本题考查空间向量的坐标运算.要明确坐标运算的法则,掌握平行、垂直的判定方法.

(16)【参考答案】 (C)

设直线 l 的斜率为 k,则直线 l 的方程为

$$y = k(x+2),即 kx - y + 2k = 0.$$

由直线 l 与圆 $x^2 + y^2 = 1$ 相切知圆心 $(0,0)$ 到直线 l 的距离为 1,由点到直线的距离公式可得

$$\frac{|k \times 0 - 0 + 2k|}{\sqrt{k^2+1}} = 1,$$

整理得 $k^2 = \frac{1}{3}$,解得 $k = \pm\frac{\sqrt{3}}{3}$.

【解题指要】 本题主要考查考生对圆的切线方程的理解,考查直线斜率的有关概念及计算.

对直线和圆的位置关系通常用圆心到直线的距离来研究.

(17)【参考答案】 (B)

从 7 名男生选出 3 名的选法有 C_7^3 种,从 5 名女生选出 2 名的选法有 C_5^2 种,故所求选法有

$$C_5^2 \cdot C_7^3 = \frac{5 \times 4}{2 \times 1} \cdot \frac{7 \times 6 \times 5}{3 \times 2 \times 1} = 350(种),$$

故选(B).

【解题指要】 本题主要考查排列组合及其运算公式,考查考生对计数原理的掌握情况.

二、填空题

(18)【参考答案】 $x + 2y - 1 = 0$

设所求直线方程为 $x + 2y + C = 0$,将 $(-3,2)$ 代入方程得 $C = -1$,即所求直线方程为 $x + 2y - 1 = 0$.

【解题指要】 本题考查直线的位置关系.两条直线的平行与垂直通常由其斜率来判断.设直线 l_1, l_2 的方程分别为 $y = k_1x + b_1, y = k_2x + b_2$,则 $l_1 // l_2 \Leftrightarrow k_1 = k_2$ 且 $b_1 \neq b_2$;$l_1 \perp l_2 \Leftrightarrow k_1 \cdot k_2 = -1$.

对于与直线 $Ax + By + C = 0$ 平行的直线,可设其方程为 $Ax + By + C_1 = 0$.

(19)【参考答案】 $\frac{3}{4}$

$\xi = 0$ 表示两枚均为反面,概率为 $\frac{1}{4}$,则 $\xi = 1$ 的概率为 $1 - \frac{1}{4} = \frac{3}{4}$,所以

$$E\xi = 0 \times \frac{1}{4} + 1 \times \frac{3}{4} = \frac{3}{4}.$$

【解题指要】 本题考查数学期望的计算及概率的求法.事实上,本题中随机变量 ξ 的分布列为:

ξ	0	1
P	$\dfrac{1}{4}$	$\dfrac{3}{4}$

由数学期望的公式可得答案.

(20)【参考答案】 $(0,1)$,$y=-1$

由 $x^2=4y$ 知抛物线焦点在 y 轴上,开口向上,$p=2$,故焦点坐标为$(0,1)$,准线方程为 $y=-1$.

【解题指要】 本题考查抛物线的标准方程及抛物线的性质.

解有关抛物线的问题时一定要注意抛物线的开口方向.

(21)【参考答案】 $\dfrac{7}{25}$

$$\cos(\pi-2\alpha)=-\cos 2\alpha=-(2\cos^2\alpha-1)=-\left[2\times\left(\dfrac{3}{5}\right)^2-1\right]=\dfrac{7}{25}.$$

【解题指要】 本题考查三角函数的诱导公式及二倍角公式.

在学习三角恒等变换公式时,一定要记清公式的结构,注意符号.

三、解答题

(22)【参考答案】 解 (Ⅰ)最小正周期 $T=\dfrac{2\pi}{2}=\pi$,最大值$f(x)_{\max}=5$.

(Ⅱ)由
$$2k\pi-\dfrac{\pi}{2}\leqslant 2x-\dfrac{\pi}{3}\leqslant 2k\pi+\dfrac{\pi}{2},$$

得$\left[k\pi-\dfrac{\pi}{12},k\pi+\dfrac{5\pi}{12}\right]$,$k\in\mathbf{Z}$ 为 $f(x)$ 的单调增区间;

由
$$2k\pi+\dfrac{\pi}{2}\leqslant 2x-\dfrac{\pi}{3}\leqslant 2k\pi+\dfrac{3}{2}\pi,$$

得$\left[k\pi+\dfrac{5}{12}\pi,k\pi+\dfrac{11}{12}\pi\right]$,$k\in\mathbf{Z}$ 为 $f(x)$ 的单调减区间.

【解题指要】 本题考查三角函数的性质.

(23)【参考答案】 解 由题意,得
$$
\begin{cases}
a+b+c=15, & ① \\
a+c=2b, & ② \\
(a+1)(c+4)=(b+1)^2. & ③
\end{cases}
$$

由①、②两式,解得 $b=5$.

将 $c=10-a$ 代入③,解得 $a=2$ 或 $a=11$,故
$$a=2,b=5,c=8 \text{ 或 } a=11,b=5,c=-1.$$
经检验,上述两组数都符合题意.

【解题指要】 本题考查等差数列、等比数列的相关知识.

本题中求 a,b,c 的值,应找到关于 a,b,c 的三个方程.三项成等差数列或等比数列,通常是由等差数列或等比数列中项的性质列方程.

(24)【参考答案】　解　圆 $x^2+y^2-2x=0$ 的圆心为 $(1,0)$，故抛物线开口向右，方程为 $y^2=4x$.

直线过焦点 $(1,0)$ 且斜率为 1，方程为 $y=x-1$.

解方程组 $\begin{cases} y=x-1 \\ y^2=4x, \end{cases}$ 得 $x^2-6x+1=0$.

设 A,B 两点的横坐标分别为 x_1,x_2，可得 $x_1+x_2=6$.

又
$$|AB|=\left(x_1+\frac{p}{2}\right)+\left(x_2+\frac{p}{2}\right),\quad p=2,$$

故
$$|AB|=(x_1+x_2)+p=6+2=8.$$

【解题指要】　本题考查抛物线的定义、标准方程及直线与抛物线的位置关系.

由于直线 AB 过焦点，故可用抛物线的定义来求 $|AB|$.

若 AB 不过焦点，则可用弦长公式
$$|AB|=\sqrt{1+k^2}\,|x_1-x_2|=\sqrt{1+k^2}\sqrt{(x_1+x_2)^2-4x_1x_2}$$
来求 $|AB|$，其中 k 为直线的斜率.

当然，本题中亦可解方程 $x^2-6x+1=0$ 求出 A,B 两点的坐标，再利用两点间的距离公式求解.

(25)【参考答案】　解　依题意，$x=-1$ 与 $x=3$ 是方程 $f'(x)=0$ 的两个根，于是先求出 $f'(x)$，再由 $f'(-1)=0,f'(3)=0$ 求出 a,b,c.

因为
$$f(x)=x^3+ax^2+bx+c,$$

所以
$$f'(x)=3x^2+2ax+b.$$

因为 $x=-1$ 时函数取得极大值，$x=3$ 时取得极小值，所以 $-1,3$ 是方程 $f'(x)=0$ 的两个根，所以
$$\begin{cases} 3(-1)^2+2a(-1)+b=0, \\ 3\times3^2+2a\times3+b=0, \end{cases}$$

解得 $\begin{cases} a=-3, \\ b=-9, \end{cases}$ 所以
$$f(x)=x^3-3x^2-9x+c.$$

又 $x=-1$ 时，$y_{极大}=7$，所以
$$(-1)^3-3(-1)^2-9(-1)+c=7,$$

解得 $c=2$，则知
$$y_{极小}=f(3)=3^3-3\times3^2-9\times3+2=-25,$$

即
$$a=-3,b=-9,c=2,y_{极小}=-25.$$

【解题指要】　本题考查导数在寻找函数极值点方面的应用. 可导函数极值点的导数必为 0，但是 $f'(x)=0$ 的点未必是极值点. 例如：$y=x^5$，$y'=5x^4$，$y'|_{x=0}=0$，但 $(0,0)$ 不是函数 $y=x^5$ 的极值点，因为导函数在经过此点时未变号.

数学(理工农医类)模拟试卷(七)

本试卷分第Ⅰ卷(选择题)和第Ⅱ卷(非选择题)两部分.满分 150 分,考试时间 120 分钟.

第Ⅰ卷(选择题,共 85 分)

注意事项:

1. 答第Ⅰ卷前,考生务必将自己的姓名、准考证号、考试科目用铅笔涂写在答题卡上.

2. 每小题选出答案后,用铅笔把答题卡上对应题目的答案标号涂黑,如需改动,用橡皮擦干净后,再选涂其他答案,不能答在试卷上.

3. 考试结束,监考人将本试卷和答题卡一并收回.

4. 在本试卷中,$\tan \alpha$ 表示角 α 的正切,$\cot \alpha$ 表示角 α 的余切.

一、选择题:本大题共 17 小题,每小题 5 分,共 85 分.在每小题给出的四个选项中,只有一项是符合题目要求的.

(1) 函数 $y = \sin 2x \cos 2x$ 的最小正周期是

(A) 2π (B) 4π (C) $\dfrac{\pi}{4}$ (D) $\dfrac{\pi}{2}$

(2) 函数 $y = \sqrt{x+1}$ 的定义域是

(A) $(-1, +\infty)$ (B) $[-1, +\infty)$ (C) $(-1, 0) \cup (0, +\infty)$ (D) $[-1, 0) \cup (0, +\infty)$

(3) $0 < x < 5$ 是不等式 $|x-2| < 4$ 成立的

(A) 充分不必要条件   (B) 必要不充分条件

(C) 充要条件   (D) 既不充分也不必要条件

(4) 在区间 $(0, +\infty)$ 内为增函数的是

(A) $y = \left(\dfrac{1}{2}\right)^x$ (B) $y = \left(x - \dfrac{1}{2}\right)^2$ (C) $y = x^2 - \dfrac{1}{2}$ (D) $y = \log_{\frac{1}{2}} x$

(5) 设 M 和 m 分别表示 $y = \dfrac{1}{3}\cos x - 1$ 的最大值和最小值,则 $M + m$ 等于

(A) $\dfrac{2}{3}$ (B) $-\dfrac{2}{3}$ (C) $-\dfrac{4}{3}$ (D) -2

(6) 若方程 $\dfrac{x^2}{2+m} - \dfrac{y^2}{m+1} = 1$ 表示双曲线,则 m 的取值范围为

(A) $m > -1$ (B) $m > -2$ (C) $m > -1$ 或 $m < -2$ (D) $-2 < m < 1$

(7) 设 $f(x) = \dfrac{m}{x} + m$ $(x \neq 0)$ 且 $f(1) = 2$,则 $f(2) =$

(A) $\dfrac{1}{2}$ (B) 1 (C) $\dfrac{3}{2}$ (D) 2

(8) 复数 $(\sqrt{3} - i)^2$ 的值等于

(A) $2+\sqrt{3}\,i$ (B) $2-2\sqrt{3}\,i$ (C) $2-\sqrt{3}\,i$ (D) $2+2\sqrt{3}\,i$

(9) 某小组共 10 名学生,其中女生 3 名,现选举 2 人当代表,至少有 1 名女生当选,则不同的选法共有

(A) 21 种   (B) 24 种   (C) 27 种   (D) 63 种

(10) 甲、乙两个水文站同时做水文预报,如果甲站、乙站各自预报的准确率分别为 0.8 和 0.7,那么,在一次预报中两站都准确预报的概率为

(A) 0.7   (B) 0.56   (C) 0.7   (D) 0.8

(11) 圆 $x^2+y^2+2x-8y+8=0$ 的半径为

(A) 2   (B) 3   (C) 4   (D) 8

(12) 已知向量 a,b 满足 $|a|=1$,$|b|=4$,且 $a\cdot b=2$,则 a 与 b 的夹角为

(A) $\dfrac{\pi}{6}$ (B) $\dfrac{\pi}{4}$ (C) $\dfrac{\pi}{3}$ (D) $\dfrac{\pi}{2}$

(13) 在 $\left(\dfrac{1}{x}+x^2\right)^6$ 的展开式中,x^3 的系数和常数项依次是

(A) 20,20   (B) 15,20   (C) 20,15   (D) 15,15

(14) 已知函数 $y=f(x)$ 定义在区间 $[-2,1]$ 上,且有 $f(-1)>f(0)$,则下列判断正确的一项是

(A) $f(x)$ 必为 $[-2,1]$ 上的单调增函数

(B) $f(x)$ 必为 $[-2,1]$ 上的单调减函数

(C) $f(x)$ 不是 $[-2,1]$ 上的单调减函数

(D) $f(x)$ 不是 $[-2,1]$ 上的单调增函数

(15) 正四棱锥的侧棱长与底面边长都是 1,则侧棱和底面所成的角为

(A) 30°   (B) 45°   (C) 60°   (D) 90°

(16) 已知数列 $\{a_n\}$ 满足 $a_{n+1}=a_n+2$,且 $a_1=1$,那么它的通项公式 a_n 等于

(A) $2n-1$ (B) $2n+1$ (C) $2n-2$ (D) $2n+2$

(17) 从某次测验的试卷中抽出 5 份,分数分别为:

$$76,\ 85,\ 90,\ 72,\ 77,$$

则这次测验成绩的样本方差为

(A) 42.2   (B) 42.8   (C) 43.4   (D) 44

第Ⅱ卷 (非选择题,共65分)

注意事项:

1. 用钢笔或圆珠笔直接答在试卷中.
2. 答卷前将密封线内的项目填写清楚.

题　号	二	三				总　分
		22	23	24	25	
分　数						

得分	评卷人

二、填空题: 本大题共 4 小题,每小题 4 分,共 16 分.把答案填在题中横线上.

(18) 曲线 $y = x + e^x$ 在 $x = 0$ 处的切线方程是_____.

(19) 圆锥的底面半径为 $4\sqrt{2}$,高为 3,底面圆的一条弦长为 8,则圆锥顶点到这条弦所在直线的距离为_____.

(20) 设离散型随机变量 ξ 的分布列为:

ξ	1	2	3	4
P	$\dfrac{1}{6}$	$\dfrac{1}{3}$	$\dfrac{1}{6}$	P_1

则 P_1 的值为_____.

(21) 若 A, B 两点在半径为 2 的球面上,以线段 AB 为直径的小圆周长为 2π,则 A, B 两点的球面距离为_____.

三、解答题: 本大题共 4 小题,共 49 分.解答应写出推理、演算步骤.

得分	评卷人

(22) (本小题满分 12 分)

已知等比数列 $\{a_n\}$ 中, $a_1 a_2 a_3 = 27$.

(Ⅰ) 求 a_2;

(Ⅱ) 若 $\{a_n\}$ 的公比 $q > 1$,且 $a_1 + a_2 + a_3 = 13$,求 $\{a_n\}$ 的前 8 项和.

得分	评卷人

（23）（本小题满分 12 分）

已知△ABC 顶点的直角坐标分别为 $A(3,4),B(0,0),C(c,0)$.

（Ⅰ）若 $\overrightarrow{AB}\cdot\overrightarrow{AC}=0$，求 c 的值；

（Ⅱ）若 $c=5$，求 $\sin A$ 的值.

得分	评卷人

（24）（本小题满分 12 分）

已知函数 $f(x)=\mathrm{e}^x-\mathrm{e}^2x$.

（Ⅰ）求 $f(x)$ 的单调区间，并说明它在各区间的单调性；

（Ⅱ）求 $f(x)$ 在区间 $[0,3]$ 上的最大值和最小值.

得分	评卷人

（25）（本小题满分 13 分）

已知双曲线的中心在原点，焦点 F_1,F_2 在坐标轴上，离心率为 $\sqrt{2}$，且过点 $(4,-\sqrt{10})$.

（Ⅰ）求双曲线方程；

（Ⅱ）若点 $M(3,m)$ 在双曲线上，求证 $MF_1\perp MF_2$.

数学(理工农医类)模拟试卷(七)参考答案及解题指要

一、选择题

(1)【参考答案】 (D)

因为 $y=\sin 2x\cos 2x=\dfrac{1}{2}\sin 4x$，所以最小正周期 $T=\dfrac{2\pi}{4}=\dfrac{\pi}{2}$，故选(D).

【解题指要】 本题主要考查三角函数周期的求法.

(2)【参考答案】 (B)

由已知应有 $x+1\geqslant 0$，解得 $x\geqslant -1$，应选(B).

【解题指要】 本题考查函数的定义域.

在求函数的定义域时，应将条件写全，并且注意集合的交、并关系.

(3)【参考答案】 (A)

$|x-2|<4\Leftrightarrow-4<x-2<4\Leftrightarrow-2<x<6$，所以 $0<x<5$ 能使不等式 $|x-2|<4$ 成立，但使不等式 $|x-2|<4$ 成立的 x 的范围不限于 $0<x<5$，故选(A).

【解题指要】 本题主要考查绝对值不等式的解法，考查考生对充要条件的掌握情况.

(4)【参考答案】 (C)

函数 $y=\left(\dfrac{1}{2}\right)^{x}$ 为指数函数，底 $a=\dfrac{1}{2}<1$，故其在 **R** 上为减函数；函数 $y=\log_{\frac{1}{2}}x$ 为对数函数，底 $a=\dfrac{1}{2}<1$，故在 $(0,+\infty)$ 内为减函数；函数 $y=\left(x-\dfrac{1}{2}\right)^{2}$ 为二次函数，对称轴为 $x=\dfrac{1}{2}$，开口向上，其在 $\left(\dfrac{1}{2},+\infty\right)$ 内为增函数，在 $\left(-\infty,\dfrac{1}{2}\right)$ 内为减函数；函数 $y=x^{2}-\dfrac{1}{2}$ 为二次函数，对称轴为 y 轴，开口向上，在区间 $(0,+\infty)$ 内为增函数. 应选(C).

【解题指要】 本题考查函数的单调性. 考生对基本初等函数的单调性应熟练掌握.

(5)【参考答案】 (D)

因为函数 $y=\cos x$ 的最大值、最小值分别为 1 和 -1，所以 $y=\dfrac{1}{3}\cos x-1$ 的最大值、最小值分别为 $-\dfrac{2}{3}$ 和 $-\dfrac{4}{3}$，因此 $M+m=-2$.

【解题指要】 本题考查余弦函数的最值.

(6)【参考答案】 (C)

若方程表示双曲线，则应有 $(2+m)(m+1)>0$，即 $2+m$ 与 $m+1$ 同号，解得 $m>-1$ 或 $m<-2$.

【解题指要】 本题考查双曲线的方程. 根据方程的结构判断是什么曲线是解析几何研究的重要问题.

(7)【参考答案】 (C)

由 $f(1)=\dfrac{m}{1}+m=2$，得 $2m=2$，$m=1$，故 $f(x)=\dfrac{1}{x}+1$，所以 $f(2)=\dfrac{1}{2}+1=\dfrac{3}{2}$，应选(C).

【解题指要】 本题考查函数的表示，属较易题.

（8）【参考答案】 （B）
$$(\sqrt{3}-i)^2 = 3 - 2\sqrt{3}i + i^2 = 2 - 2\sqrt{3}i,$$
应选（B）.

【解题指要】 本题考查复数的运算. 对于复数的运算,熟练掌握运算法则即可.

（9）【参考答案】 （B）

解法 1 2 人中有 1 名女生的选法有 $C_3^1 \cdot C_7^1$ 种;

2 人都是女生的选法有 C_3^2 种.

上述两类选法均符合题意,故所有选法种数共有
$$C_3^1 \cdot C_7^1 + C_3^2 = 21 + 3 = 24,$$
故选（B）.

解法 2 从 10 名学生中选 2 名有 C_{10}^2 种选法,选出的 2 人都是男生的选法有 C_7^2 种,故所求选法有 $C_{10}^2 - C_7^2 = 45 - 21 = 24$ 种,故选（B）.

【解题指要】 本题主要考查考生对排列组合知识的理解.

（10）【参考答案】 （B）

$p = 0.8 \times 0.7 = 0.56$,故选（B）.

【解题指要】 本题主要考查两个相互独立事件同时发生的概率的求法.

（11）【参考答案】 （B）
$$x^2 + y^2 + 2x - 8y + 8 = (x+1)^2 + (y-4)^2 - 9 = 0,$$
所以
$$(x+1)^2 + (y-4)^2 = 3^2,$$
即该圆的半径为 3.

【解题指要】 本题考查圆的方程. 求圆的圆心坐标和半径,只需将所给方程配方后转化为标准方程即可得解.

（12）【参考答案】 （C）
$$\cos\langle a, b\rangle = \frac{a \cdot b}{|a||b|} = \frac{2}{4} = \frac{1}{2},\text{得}\langle a, b\rangle = \frac{\pi}{3}.$$

【解题指要】 本题考查向量的数量积及向量夹角的求法.

（13）【参考答案】 （C）

二项式 $\left(\dfrac{1}{x} + x^2\right)^6$ 展开式的通项为
$$T_{r+1} = C_6^r \left(\frac{1}{x}\right)^{6-r}(x^2)^r = C_6^r x^{3r-6}.$$

当 T_{r+1} 为 x^3 项时,$r = 3$,此时
$$T_{r+1} = T_4 = C_6^3 x^3 = 20x^3.$$

当 T_{r+1} 为常数项时,$r = 2$,此时
$$T_{r+1} = C_6^2 = 15.$$

故选（C）.

【解题指要】 本题主要考查二项式 $(a+b)^n$ 展开式的通项公式:$T_{r+1} = C_n^r a^{n-r} b^r$,注意这是展开式的第 $r+1$ 项. 在学习中还要注意二项式系数与系数的区别与联系.

(14)【参考答案】　(D)

函数单调性是指区间中任意 x_1, x_2 变化时 $f(x_1)$ 和 $f(x_2)$ 的比较,故 $f(-1) > f(0)$ 不能确定函数的单调减性质,但却能断定其不是单调增函数.

【解题指要】　本题主要考查考生对函数单调性定义的理解.

(15)【参考答案】　(B)

如右图所示,$\angle SCO$ 为所求的角. $\triangle SCO$ 中,$OC = \dfrac{\sqrt{2}}{2}$,$SC = 1$,

所以

$$\cos \angle SCO = \dfrac{\sqrt{2}}{2},\text{ 即 } \angle SCO = 45°.$$

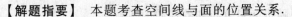

【解题指要】　本题考查空间线与面的位置关系.

(16)【参考答案】　(A)

由 $a_{n+1} = a_n + 2$ 可得 $a_{n+1} - a_n = 2$,知数列 $\{a_n\}$ 为等差数列,且公差 $d = 2$,故通项公式为:$a_n = 1 + (n-1) \times 2 = 2n - 1$. 应选(A).

【解题指要】　本题考查等差数列的基本知识.

(17)【参考答案】　(B)

5 份试卷的平均分数为

$$\dfrac{76 + 85 + 90 + 72 + 77}{5} = 80,$$

所以这次测验成绩的样本方差为

$$\dfrac{1}{5}[(76-80)^2 + (85-80)^2 + (90-80)^2 + (72-80)^2 + (77-80)^2]$$

$$= \dfrac{1}{5}(16 + 25 + 100 + 64 + 9) = 42.8,$$

故选(B).

【解题指要】　本题考查样本方差的概念及其计算.

二、填空题

(18)【参考答案】　$2x - y + 1 = 0$

$$y' = 1 + e^x, y'\Big|_{x=0} = 1 + e^0 = 2.$$

当 $x = 0$ 时,$y = 1$,故切线方程为:

$$y - 1 = 2(x - 0),\text{ 即 } 2x - y + 1 = 0.$$

【解题指要】　曲线在 $x = x_0$ 处的切线的斜率为对应函数在 $x = x_0$ 处的导数值.

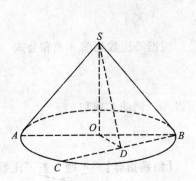

(19)【参考答案】　5

如右图所示,$BO = 4\sqrt{2}$,$BC = 8$,$SO = 3$.

作 $OD \perp BC$,连接 SD,则 SD 为圆锥顶点到弦 BC 的距离.

因为 $BD = \dfrac{1}{2} BC = 4$,所以

$$OD = \sqrt{OB^2 - BD^2} = \sqrt{32 - 16} = 4,$$

从而

$$SD = \sqrt{SO^2 + OD^2} = \sqrt{9 + 16} = 5.$$

【解题指要】　本题考查立体几何知识.

(20)【参考答案】　$\dfrac{1}{3}$

因为

$$P(\xi = 1) = \frac{1}{6}, P(\xi = 2) = \frac{1}{3}, P(\xi = 3) = \frac{1}{6}, P(\xi = 4) = P_1,$$

又

$$P(\xi = 1) + P(\xi = 2) + P(\xi = 3) + P(\xi = 4) = 1,$$

即 $\dfrac{1}{6} + \dfrac{1}{3} + \dfrac{1}{6} + P_1 = 1$，解得 $P_1 = \dfrac{1}{3}$.

【解题指要】　本题考查考生对离散型随机变量分布列的性质的了解.

(21)【参考答案】　$\dfrac{2\pi}{3}$

以线段 AB 为直径的小圆周长为 2π，则小圆半径为 1. 球的半径为 2，所以 $\triangle ABO(O$ 为球心) 为等边三角形，故有 A 点和 B 点间大圆的弧长为 $l = \alpha \cdot R$ (α 为 $\angle AOB$ 的弧度，R 为球的半径)，即 $l = \dfrac{2\pi}{3}$.

【解题指要】　本题考查球和球面距离的相关知识.

三、解答题

(22)【参考答案】　解　(Ⅰ)因为 $\{a_n\}$ 为等比数列，所以 $a_1 a_3 = a_2^2$.
又 $a_1 a_2 a_3 = 27$，可得 $a_2^3 = 27$，所以 $a_2 = 3$.
(Ⅱ)由(Ⅰ)和已知得

$$\begin{cases} a_1 + a_3 = 10, \\ a_1 a_3 = 9, \end{cases}$$ 解得 $a_1 = 1$ 或 $a_1 = 9$.

由 $a_2 = 3$ 得

$$\begin{cases} a_1 = 9, \\ q = \dfrac{1}{3} \end{cases} (舍去) 或 \begin{cases} a_1 = 1, \\ q = 3. \end{cases}$$

根据等比数列前 n 项和公式

$$S_n = \frac{a_1(1 - q^n)}{1 - q},$$

所以 $\{a_n\}$ 的前 8 项和

$$S_8 = \frac{1 \times (1 - 3^8)}{1 - 3} = 3\ 280.$$

【解题指要】　本题考查等比数列知识.

(23)【参考答案】　解　(Ⅰ)因为 $A(3, 4), B(0, 0), C(c, 0)$，所以

$$\overrightarrow{AB} = (-3, -4), \overrightarrow{AC} = (c - 3, -4).$$

因为 $\overrightarrow{AB} \cdot \overrightarrow{AC} = 0$，所以

$$(-3)(c-3)+(-4)(-4)=0, 解得 c=\frac{25}{3}.$$

（Ⅱ）因为 $A(3,4)$，$B(0,0)$，所以 $|AB|=5$.

当 $c=5$ 时，$|BC|=5$，$|AC|=\sqrt{(5-3)^2+(0-4)^2}=2\sqrt{5}$.

根据余弦定理，得

$$\cos A=\frac{|AB|^2+|AC|^2-|BC|^2}{2|AB|\cdot|AC|}=\frac{\sqrt{5}}{5},$$

则

$$\sin A=\sqrt{1-\cos^2 A}=\frac{2}{5}\sqrt{5}.$$

【解题指要】 本题考查解三角形、向量等相关知识.

向量与三角函数、解析几何、立体几何等都有紧密的联系，对其基本运算要熟练掌握.

（24）【参考答案】 解 （Ⅰ）由已知条件可得 $f'(x)=e^x-e^2$. 令 $f'(x)=0$，得 $x=2$.

当 $x\in(-\infty,2)$ 时，$f'(x)<0$；当 $x\in(2,+\infty)$ 时，$f'(x)>0$. 故 $f(x)$ 在 $(-\infty,2)$ 内为减函数，在 $(2,+\infty)$ 内为增函数.

（Ⅱ）由（Ⅰ）知 $f(x)$ 在 $x=2$ 处有极小值 $f(2)=-e^2$.

又 $\qquad\qquad\qquad f(0)=1,\ f(3)=e^2(e-3),$

因此 $f(x)$ 在区间 $[0,3]$ 上的最大值为 1，最小值为 $-e^2$.

【解题指要】 本题考查导数在求函数单调区间及极值、最值上的应用.

（25）【参考答案】 解 （Ⅰ）因为 $e=\sqrt{2}$，所以可设双曲线方程为 $x^2-y^2=\lambda$.

因为双曲线过点 $(4,-\sqrt{10})$，所以 $16-10=\lambda$，即 $\lambda=6$，则知双曲线方程为 $x^2-y^2=6$.

（Ⅱ）易知 $F_1(-2\sqrt{3},0)$，$F_2(2\sqrt{3},0)$，所以

$$k_{MF_1}=\frac{m}{3+2\sqrt{3}},\ k_{MF_2}=\frac{m}{3-2\sqrt{3}},$$

$$k_{MF_1}\cdot k_{MF_2}=\frac{m^2}{9-12}=-\frac{m^2}{3}.$$

因为点 $(3,m)$ 在双曲线上，所以 $9-m^2=6$，$m^2=3$，故 $k_{MF_1}\cdot k_{MF_2}=-1$，则知 $MF_1\perp MF_2$.

【解题指要】 本题考查双曲线的方程及其几何性质.

数学(理工农医类)模拟试卷(八)

本试卷分第Ⅰ卷(选择题)和第Ⅱ卷(非选择题)两部分.满分150分,考试时间120分钟.

第Ⅰ卷(选择题,共85分)

注意事项:

1. 答第Ⅰ卷前,考生务必将自己的姓名、准考证号、考试科目用铅笔涂写在答题卡上.

2. 每小题选出答案后,用铅笔把答题卡上对应题目的答案标号涂黑,如需改动,用橡皮擦干净后,再选涂其他答案,不能答在试卷上.

3. 考试结束,监考人将本试卷和答题卡一并收回.

4. 在本试卷中,$\tan \alpha$ 表示角 α 的正切,$\cot \alpha$ 表示角 α 的余切.

一、选择题: 本大题共17小题,每小题5分,共85分.在每小题给出的四个选项中,只有一项是符合题目要求的.

(1) 已知集合 M 满足条件:$\{1,2\} \subseteq M \subsetneqq \{1,2,3,4,5\}$,那么满足条件的集合 M 的个数为

(A) 6个   (B) 7个   (C) 8个   (D) 9个

(2) 不等式 $|x-2| \leqslant 7$ 的解集是

(A) $\{x \mid x \leqslant 9\}$ (B) $\{x \mid x \geqslant -5\}$

(C) $\{x \mid x \leqslant -5 \text{ 或 } x \geqslant 9\}$ (D) $\{x \mid -5 \leqslant x \leqslant 9\}$

(3) 已知等差数列 $\{a_n\}$ 的前 n 项和为 S_n,若 $a_4 = 18 - a_5$,则 S_8 等于

(A) 18   (B) 36   (C) 54   (D) 72

(4) 下列函数中为偶函数的是

(A) $y = 3x^2 - 1$ (B) $y = x^3 - 3$ (C) $y = 3^x$ (D) $y = \log_3 x$

(5) 设三个数 $\sqrt{5}, x+1, 5\sqrt{5}$ 成等比数列,则 $x =$

(A) 4 或 -4 (B) -4 或 6   (C) 4 或 -6 (D) 4 或 6

(6) 在同一坐标系中,函数 $y = 3^x$ 与 $y = \left(\dfrac{1}{3}\right)^x$ 的图像之间的关系是

(A) 关于原点对称   (B) 关于 x 轴对称

(C) 关于直线 $y = 1$ 对称   (D) 关于 y 轴对称

(7) 某气象站预报天气的准确率为0.8,则在两次预报中恰有一次准确的概率为

(A) 0.96   (B) 0.32   (C) 0.64   (D) 0.16

(8) 如果函数 $y = 2^x + c$ 的图像经过点 $(2,5)$,那么 c 等于

(A) 1   (B) 0   (C) -1 (D) -2

(9) 若命题 $p : \dfrac{1}{a+1} > 1$,命题 $q : a < 0$,则 p 是 q 的

(A) 充要条件   (B) 充分不必要条件

（C）必要不充分条件 　　　　　　　　（D）既不充分也不必要条件

（10）原点 $O(0,0)$ 和直线 $x+y+4=0$ 上点 M 的连线,其距离 $|OM|$ 的最小值为

（A）$\sqrt{10}$ 　　　　（B）$2\sqrt{2}$ 　　　　（C）$\sqrt{6}$ 　　　　（D）2

（11）设空间向量 $\boldsymbol{a}=(1,1,-4),\boldsymbol{b}=(1,-2,2)$,则 $\boldsymbol{a}$ 与 $\boldsymbol{b}$ 的夹角 $\langle\boldsymbol{a},\boldsymbol{b}\rangle=$

（A）$\dfrac{\pi}{4}$ 　　　　（B）$\dfrac{\pi}{3}$ 　　　　（C）$\dfrac{2}{3}\pi$ 　　　　（D）$\dfrac{3}{4}\pi$

（12）双曲线 $\dfrac{x^2}{4}-\dfrac{y^2}{2}=1$ 的焦点坐标是

（A）$(-6,0),(6,0)$ 　　　　　　（B）$(-\sqrt{6},0),(\sqrt{6},0)$

（C）$(-2,0),(2,0)$ 　　　　　　（D）$(-\sqrt{2},0),(\sqrt{2},0)$

（13）已知正方体的对角线长是 $\sqrt{3}$,那么它的表面积等于

（A）2 　　　　（B）4 　　　　（C）6 　　　　（D）8

（14）$\dfrac{3}{(1-i)^2}$ 的值为

（A）$\dfrac{3}{2}i$ 　　　（B）$-\dfrac{3}{2}i$ 　　　（C）i 　　　（D）$-i$

（15）5 个人排成一排,甲、乙相邻的不同排法有

（A）60 种 　　（B）48 种 　　（C）36 种 　　（D）24 种

（16）设抛物线 $y^2=8x$ 的焦点为 F,点 P 在此抛物线上且横坐标为 2,则 $|PF|$ 等于

（A）8 　　　　（B）6 　　　　（C）4 　　　　（D）2

（17）记函数 $y=1+2^{-x}$ 的反函数为 $y=g(x)$,则 $g(5)$ 等于

（A）2 　　　　（B）-2 　　　　（C）-4 　　　　（D）4

第Ⅱ卷（非选择题,共 65 分）

注意事项:

1. 用钢笔或圆珠笔直接答在试卷中.
2. 答卷前将密封线内的项目填写清楚.

题　号	二	三				总　分
		22	23	24	25	
分　数						

得分	评卷人

二、填空题:本大题共 4 小题,每小题 4 分,共 16 分.把答案填在题中横线上.

（18）设一次函数的图像过点 $(1,1)$ 和 $(-2,0)$,则该一次函数的解析式为_____.

（19）若 $f(x)$ 是以 4 为周期的奇函数,且 $f(-1)=a\ (a\neq0)$,则 $f(5)$ 的值是_____.

（20）曲线 $f(x)=2x^2-1$ 在点 $(1,f(1))$ 处的切线方程为_____.

（21）已知 ξ 的分布列为：

ξ	1	2	3	4
P	$\dfrac{1}{6}$	$\dfrac{1}{3}$	$\dfrac{1}{4}$	$\dfrac{1}{4}$

则 $E\xi =$ _____.

三、解答题：本大题共 4 小题，共 49 分.解答应写出推理、演算步骤.

得分	评卷人

（22）（本小题满分 12 分）

已知 $0 < \alpha < \dfrac{\pi}{2}, \sin \alpha = \dfrac{4}{5}$，求：

（Ⅰ）$\tan \alpha$ 的值；

（Ⅱ）$\cos 2\alpha + \sin\left(\alpha + \dfrac{\pi}{2}\right)$ 的值.

得分	评卷人

（23）（本小题满分 12 分）

设数列 $\{a_n\}$ 的首项 $a_1 = 56$，且满足 $a_{n+1} = a_n - 12$（$n \in \mathbf{N}^*$）.

（Ⅰ）求 a_{101}；

（Ⅱ）求数列 $\{a_n\}$ 的前 n 项和 S_n 的最大值.

得分	评卷人

（24）（本小题满分 12 分）

设双曲线 $C: \dfrac{x^2}{a^2} - \dfrac{y^2}{b^2} = 1$（$a>0, b>0$）的左、右焦点分别为 F_1, F_2，且 $|F_1F_2| = 4$，一条渐近线的倾斜角为 $60°$. 求双曲线 C 的方程和离心率.

得分	评卷人

（25）（本小题满分 13 分）

设函数 $f(x) = x^3 + ax^2 - 12x$ 的导函数为 $f'(x)$，已知 $f'(x)$ 的图像关于 y 轴对称.

（Ⅰ）求函数 $f(x)$ 的解析式；

（Ⅱ）求函数 $f(x)$ 的极值.

数学(理工农医类)模拟试卷(八)参考答案及解题指要

一、选择题

(1)【参考答案】 (B)

满足条件的集合 M:$\{1,2\}$,$\{1,2,3\}$,$\{1,2,4\}$,$\{1,2,5\}$,$\{1,2,3,4\}$,$\{1,2,3,5\}$,$\{1,2,4,5\}$,共 7 个.

【解题指要】 本题主要考查子集的概念.

(2)【参考答案】 (D)

$$|x-2|\leqslant 7 \Leftrightarrow -7 \leqslant x-2 \leqslant 7 \Leftrightarrow -5 \leqslant x \leqslant 9,$$

故选(D).

【解题指要】 考生要会解形如 $|ax+b|\leqslant c$ 和 $|ax+b|\geqslant c$ 的不等式. 这是一道解含有绝对值的不等式的问题,解这类问题关键是要注意将原不等式去掉绝对值符号,进行同解变形. 去掉绝对值符号的常见方法有:

① 利用不等式:$|x|<a \Leftrightarrow -a<x<a$,$|x|>a \Leftrightarrow x>a$ 或 $x<-a$.

② 利用定义.

③ 两边平方,但要注意两边必须同时为正这一条件.

(3)【参考答案】 (D)

$$a_4=18-a_5,\ \text{即}\ a_4+a_5=18,$$

所以

$$S_8=\frac{(a_1+a_8)\times 8}{2}=\frac{(a_4+a_5)\times 8}{2}=72.$$

【解题指要】 本题考查等差数列的相关知识.

本题利用了等差数列的如下性质:若 $m+n=p+q$,则 $a_m+a_n=a_p+a_q$.

(4)【参考答案】 (A)

(B)和(C)都是非奇非偶函数,(D)中函数的定义域为 $(0,+\infty)$,无奇偶性. (A)正确.

【解题指要】 本题考查函数的奇偶性知识.

(5)【参考答案】 (C)

由 $\sqrt{5}$,$x+1$,$5\sqrt{5}$ 成等比数列有:

$$(x+1)^2=\sqrt{5}\times 5\sqrt{5},$$

解得 $x=4$ 或 $x=-6$. 应选(C).

【解题指要】 本题考查等比数列的知识.

(6)【参考答案】 (D)

根据函数 $y=3^x$ 与 $y=\left(\dfrac{1}{3}\right)^x$ 的图像可得.

【解题指要】 本题主要考查函数的图像及图像变换. 函数 $y=3^x$ 与 $y=\left(\dfrac{1}{3}\right)^x$ 的图像应是考生熟练掌握的.

本题还可以利用函数的图像变换求解. 事实上,令 $y=f(x)=3^x$,则 $f(-x)=3^{-x}=\left(\dfrac{1}{3}\right)^x$. 由函

数 $y=f(x)$ 的图像与函数 $y=f(-x)$ 的图像关于 y 轴对称即得答案.

(7)【参考答案】 (B)

$$P=C_2^1 \cdot 0.8^1 \cdot (1-0.8)^1 = 0.32,$$

故选(B).

【解题指要】 本题考查独立重复试验中某事件发生的概率问题,直接应用公式计算即可.

(8)【参考答案】 (A)

将 $(2,5)$ 代入 $y=2^x+c$,即 $5=2^2+c$,解得 $c=1$.

【解题指要】 本题考查指数函数的简单运算.

(9)【参考答案】 (B)

$p:\dfrac{1}{a+1}>1 \Rightarrow \begin{cases} a+1>0, \\ a+1<1 \end{cases} \Rightarrow -1<a<0, q:a<0$,所以 p 是 q 的充分不必要条件,选(B).

【解题指要】 本题主要考查充分必要条件的判定.非空集合 A,B 若存在包含关系 $A \subset B$,则 A 对 B 具有充分性.

(10)【参考答案】 (B)

原点 O 和直线上的点连线距离的最小值应为原点到直线的距离,即

$$d = \frac{|0+0+4|}{\sqrt{1+1}} = 2\sqrt{2},$$

应选(B).

【解题指要】 本题考查点到直线的距离公式.

(11)【参考答案】 (D)

$$|\boldsymbol{a}| = \sqrt{1^2+1^2+(-4)^2} = \sqrt{18} = 3\sqrt{2}, \quad |\boldsymbol{b}| = \sqrt{1^2+(-2)^2+2^2} = \sqrt{9} = 3,$$

且

$$\boldsymbol{a} \cdot \boldsymbol{b} = 1\times 1 + 1\times(-2) + (-4)\times 2 = -9,$$

所以

$$\cos\langle \boldsymbol{a},\boldsymbol{b} \rangle = \frac{\boldsymbol{a} \cdot \boldsymbol{b}}{|\boldsymbol{a}||\boldsymbol{b}|} = \frac{-9}{9\sqrt{2}} = -\frac{\sqrt{2}}{2},$$

解得 $\langle \boldsymbol{a},\boldsymbol{b} \rangle = \dfrac{3}{4}\pi$. 应选(D).

【解题指要】 本题考查向量夹角的求法.按公式运算即可,要注意向量夹角的取值范围.

(12)【参考答案】 (B)

双曲线 $\dfrac{x^2}{4} - \dfrac{y^2}{2} = 1$ 的焦点在 x 轴上. $a^2=4, b^2=2$,所以 $c^2 = a^2+b^2 = 6$,则有 $c=\sqrt{6}$,焦点坐标分别为 $(-\sqrt{6},0)$ 和 $(\sqrt{6},0)$.

【解题指要】 本题考查双曲线的相关知识.要求双曲线的焦点坐标,首先应判断焦点是在 x 轴上还是在 y 轴上,然后求出 c 的值即可写出焦点坐标.

(13)【参考答案】 (C)

正方体的对角线长是棱长的 $\sqrt{3}$ 倍,故棱长为 1,所以表面积为 6.

【解题指要】 要注意棱长为 a 的正方体的对角线长和各面正方形的对角线长的区别,前者为 $\sqrt{3}a$,后者为 $\sqrt{2}a$.

（14）【参考答案】　（A）

$$\frac{3}{(1-i)^2} = \frac{3}{-2i} = \frac{3i}{-2i \cdot i} = \frac{3}{2}i.$$

【解题指要】　本题主要考查复数的基本运算.

实数化分母是复数部分常考查的知识内容.

（15）【参考答案】　（B）

把甲、乙两人看做一个人，则共有 4 人，不同排法有 A_4^4 种. 又甲、乙两人可交换位置，共有 A_2^2 种排法，所以，总共有 $A_4^4 \cdot A_2^2 = 48$ 种排法，故选（B）.

【解题指要】　本题考查排列组合的相关知识. 对于相邻问题可采用捆绑法比较方便求解.

（16）【参考答案】　（C）

抛物线 $y^2 = 8x$ 的准线方程为 $x = -2$. 点 P 在抛物线上，则点 P 到焦点的距离与到准线的距离相等，故有

$$|PF| = 2 - (-2) = 4,$$

故选（C）.

【解题指要】　本题考查抛物线的相关知识. 要求抛物线上一点到焦点的距离，一般可直接转化为求该点到准线的距离，这样求解更简捷.

（17）【参考答案】　（B）

解法 1　因为 $y = 1 + 2^{-x}$，所以 $2^{-x} = y - 1$，即 $-x = \log_2(y-1)$，$x = -\log_2(y-1)$，则知 $g(x) = -\log_2(x-1)$，所以 $g(5) = -\log_2(5-1) = -2$.

解法 2　令 $1 + 2^{-x} = 5 \Rightarrow x = -2$，即 $g(5) = -2$，故选（B）.

【解题指要】　本题主要考查反函数与原函数的关系，主要通过将原函数与反函数的定义域和值域互换来处理.

二、填空题

（18）【参考答案】　$y = \frac{1}{3}x + \frac{2}{3}$

设一次函数 $f(x) = kx + b$，则

$$\begin{cases} 1 = k + b, \\ 0 = -2k + b \end{cases} \Rightarrow \begin{cases} k = \dfrac{1}{3}, \\ b = \dfrac{2}{3}, \end{cases}$$

所以

$$f(x) = \frac{1}{3}x + \frac{2}{3}.$$

【解题指要】　本题考查用待定系数法求解析式的方法.

（19）【参考答案】　$-a$

因为 $f(x)$ 是以 4 为周期的函数，所以

$$f(5) = f(1).$$

又因为 $f(x)$ 为奇函数，所以

$$f(1) = -f(-1) = -a, \quad 即 f(5) = -a.$$

【解题指要】　本题考查函数的周期性和奇函数的概念. 若 T 为周期，则 $f(x+T) = f(x)$，周期

性的作用是可将求较大自变量的函数值转化为求较小自变量的函数值;若函数为奇函数,则 $f(-x)=-f(x)$,其实质是自变量相反时,函数值也相反,反映了函数的对称性.

(20)【参考答案】　$4x-y-3=0$

曲线 $f(x)=2x^2-1$ 在点 $(1,f(1))$ 处切线的斜率为

$$f'(1)=4x\big|_{x=1}=4,$$

又知 $f(1)=2-1=1$,故所求切线方程为

$$y-1=4(x-1),\text{即 } 4x-y-3=0.$$

【解题指要】　本题考查导数的几何意义和直线方程的求法.要求曲线在某点处的切线方程,首先应对曲线对应函数求导,求出切线的斜率,然后再由点斜式写出所求切线的方程.

(21)【参考答案】　$\dfrac{31}{12}$

$$E\xi=1\times\frac{1}{6}+2\times\frac{1}{3}+3\times\frac{1}{4}+4\times\frac{1}{4}=\frac{31}{12}.$$

【解题指要】　本题考查期望的计算公式.

三、解答题

(22)【参考答案】　解　（Ⅰ）因为 $0<\alpha<\dfrac{\pi}{2}$,$\sin\alpha=\dfrac{4}{5}$,所以

$$\cos\alpha=\sqrt{1-\sin^2\alpha}=\sqrt{1-\left(\frac{4}{5}\right)^2}=\frac{3}{5},$$

从而

$$\tan\alpha=\frac{\sin\alpha}{\cos\alpha}=\frac{4}{3}.$$

（Ⅱ）

$$\cos 2\alpha+\sin\left(\alpha+\frac{\pi}{2}\right)=1-2\sin^2\alpha+\cos\alpha$$

$$=1-2\cdot\left(\frac{4}{5}\right)^2+\frac{3}{5}$$

$$=\frac{8}{25}.$$

【解题指要】　本题考查三角函数的相关知识.第（Ⅱ）问中,求 $\cos 2\alpha$ 可用公式 $\cos 2\alpha=1-2\sin^2\alpha$ 或 $\cos 2\alpha=2\cos^2\alpha-1$ 计算;对于另一项,有

$$\sin\left(\alpha+\frac{\pi}{2}\right)=\sin\left[\frac{\pi}{2}-(-\alpha)\right]=\cos(-\alpha)=\cos\alpha.$$

(23)【参考答案】　解　（Ⅰ）$a_{n+1}-a_n=-12$,所以 $\{a_n\}$ 是首项 $a_1=56$,公差 $d=-12$ 的等差数列,则

$$a_{101}=a_1+100d=56-1\,200=-1\,144.$$

（Ⅱ）

$$a_n=56+(n-1)(-12)=68-12n.$$

令 $a_n>0$,得 $n<5\dfrac{2}{3}$,取 $n=5$,故 S_5 最大,且

$$S_5=\frac{5(a_1+a_5)}{2}=160.$$

【解题指要】　本题考查等差数列的通项公式和前 n 项和公式.

第(Ⅱ)问中求 S_n 的最大值,就是判断该等差数列前面有几项为正的,故令 $a_n>0$,求出 n 的范围.

(24)【参考答案】 解 设半焦距 $c=\sqrt{a^2+b^2}$,则
$$|F_1F_2|=2c=4,即\ c=2.$$
由题意,得
$$a^2+b^2=4,\frac{b}{a}=\sqrt{3},$$

解得 $a=1,b=\sqrt{3}$,所以双曲线 C 的方程为 $x^2-\dfrac{y^2}{3}=1$,其离心率为 $e=\dfrac{c}{a}=2$.

【解题指要】 本题考查双曲线的相关知识.

(25)【参考答案】 解 (Ⅰ)$f'(x)=3x^2+2ax-12$.
因为 $f'(x)$ 的图像关于 y 轴对称,所以 $f'(x)$ 为偶函数,故 $a=0$,即
$$f(x)=x^3-12x.$$
(Ⅱ)$f'(x)=3x^2-12$.
令 $f'(x)=0$,得 $x=-2$ 或 $x=2$.
当 x 变化时,$f(x)$ 与 $f'(x)$ 的变化情况如下表:

x	$(-\infty,-2)$	-2	$(-2,2)$	2	$(2,+\infty)$
$f'(x)$	+	0	−	0	+
$f(x)$	↗	16	↘	−16	↗

由上表可知,函数 $f(x)$ 在 $(-\infty,-2)$ 内单调递增,在 $(-2,2)$ 内单调递减,在 $(2,+\infty)$ 内单调递增,所以当 $x=-2$ 时,$f(x)$ 有极大值 16;当 $x=2$ 时,$f(x)$ 有极小值 -16.

附录

2008 年成人高等学校招生全国统一考试(高中起点升本、专科)
数学(理工农医类)试题解析

第 I 卷

一、选择题:本大题共 17 小题,每小题 5 分,共 85 分.在每小题给出的四个选项中,只有一项是符合题目要求的.

(1) 设集合 $A=\{x\mid |x|\leqslant 2\}$,$B=\{x\mid x\geqslant -1\}$,则 $A\cap B=$

(A) $\{x\mid |x|\leqslant 1\}$ (B) $\{x\mid |x|\leqslant 2\}$

(C) $\{x\mid -1\leqslant x\leqslant 2\}$ (D) $\{x\mid -2\leqslant x\leqslant -1\}$

【答案】 (C)

【试题解析】 由 $|x|\leqslant 2$ 得 $-2\leqslant x\leqslant 2$,即 $A=\{x\mid -2\leqslant x\leqslant 2\}$,故
$$A\cap B=\{x\mid -1\leqslant x\leqslant 2\}.$$

本题考查简单不等式和集合的运算.

(2) 函数 $y=\cos\dfrac{x}{3}$ 的最小正周期是

(A) 6π (B) 3π (C) 2π (D) $\dfrac{\pi}{3}$

【答案】 (A)

【试题解析】 本题考查三角函数的周期.

$y=\cos x$ 的最小正周期为 2π,$y=\cos \omega x$($\omega>0$)的最小正周期为 $\dfrac{2\pi}{\omega}$.本题对应为 $\omega=\dfrac{1}{3}$ 的情况,所以 $T=\dfrac{2\pi}{\dfrac{1}{3}}=6\pi$.

(3) 抛物线 $y^2=-4x$ 的准线方程为

(A) $x=-2$ (B) $x=-1$ (C) $x=2$ (D) $x=1$

【答案】 (D)

【试题解析】 本题考查抛物线知识.

$y^2=-4x$ 对应的标准形式为 $y^2=-2px$,其准线方程 $x=\dfrac{p}{2}$,焦点坐标为 $\left(-\dfrac{p}{2},0\right)$,故本题准线方程为 $x=1$.注意 p 是参数,是正值.

(4) 设甲:$x=\dfrac{\pi}{6}$;乙:$\sin x=\dfrac{1}{2}$,则

(A) 甲是乙的必要条件,但不是乙的充分条件

(B) 甲是乙的充分条件,但不是乙的必要条件

(C) 甲不是乙的充分条件,也不是乙的必要条件

(D) 甲是乙的充分必要条件

【答案】 (B)

【试题解析】 本题考查充分必要条件的判定和简单的三角知识.充分和必要条件的判断题可采用"箭头"判定的方法,即:若条件⇒结论为正确命题,条件对结论具有充分性;若条件⇐结论为正确命题,则条件对结论具有必要性;两个都满足,则为充要条件命题.本题甲⇒乙,但 $\sin x = \frac{1}{2}$ 时,x 不能确定为 $\frac{\pi}{6}$.

(5) 若向量 $a=(x,2)$,$b=(-2,3)$,且 $a \parallel b$,则 $x=$

(A) $-\frac{4}{3}$　　　　　(B) -3　　　　　(C) 3　　　　　(D) $\frac{4}{3}$

【答案】 (A)

【试题解析】 本题考查向量平行的相关知识.一般地,若非零向量 $m=(x_1,y_1)$,$n=(x_2,y_2)$,$m \parallel n$,则存在实数 $k \neq 0$,使 $m=kn$,即 $x_1=kx_2$,$y_1=ky_2$,从而 $x_1y_2-x_2y_1=0$.本题中,$3x-2 \times (-2)=0$,得 $x=-\frac{4}{3}$.

(6) 下列函数中,为奇函数的是

(A) $y=\log_3 x$　　(B) $y=3^x$　　(C) $y=3x^2$　　(D) $y=3\sin x$

【答案】 (D)

【试题解析】 本题考查函数的奇偶性判定.

对数函数 $y=\log_a x$,指数函数 $y=a^x$ 都是非奇非偶函数,而 $y=ax^2$ 为偶函数.由于 $\sin x = -\sin(-x)$,所以有 $y=3\sin x$ 是奇函数.答案为(D).

(7) 函数 $y=f(x)$ 的图像与函数 $y=2^x$ 的图像关于直线 $y=x$ 对称,则 $f(x)=$

(A) 2^x　　　　　　　　　　(B) $\log_2 x$ $(x>0)$

(C) $2x$　　　　　　　　　　(D) $\lg(2x)$ $(x>0)$

【答案】 (B)

【试题解析】 本题考查反函数的相关知识.

反函数的图像和原函数的图像关于 $y=x$ 对称,所以题目是问 $y=2^x$ 的反函数是哪个,故选(B).

(8) 设二次函数 $y=x^2+bx+c$ 的图像过点 $(1,2)$ 和 $(-2,4)$,则该函数的解析式为

(A) $y=x^2+x+2$　　　　　　(B) $y=x^2+2x-1$

(C) $y=x^2+\frac{1}{3}x+\frac{2}{3}$　　　　(D) $y=x^2+\frac{1}{3}x-\frac{2}{3}$

【答案】 (C)

【试题解析】 本题考查函数解析式的相关知识和待定系数法.

将 $(1,2)$ 和 $(-2,4)$ 代入 $y=x^2+bx+c$,可得方程组:

$$\begin{cases}1+b+c=2,\\4-2b+c=4,\end{cases}\text{即}\begin{cases}b+c=1,\\-2b+c=0,\end{cases}\text{解得}\begin{cases}b=\dfrac{1}{3},\\[4pt]c=\dfrac{2}{3},\end{cases}$$

答案选(C).

(9) 若 $a>1$,则

(A) $\log_{\frac{1}{2}}a<0$　　　(B) $\log_2 a<0$　　　(C) $a^{-1}<0$　　　(D) $a^2-1<0$

【答案】 (A)

【试题解析】 本题考查对数函数和指数函数的单调性.

由于 $a>1$ 时,$\log_{\frac{1}{2}}a<\log_{\frac{1}{2}}1=0$,故(A)正确.

【常见错误分析与防范】 注意 $y=\log_{\frac{1}{2}}x$ 是减函数,$y=\log_2 x$ 是增函数,所以 $a>1$ 时,$\log_2 a>\log_2 1=0$,而 $\log_{\frac{1}{2}}a<\log_{\frac{1}{2}}1=0$,还要认清 $a^{-1}=\dfrac{1}{a}>0$.

(10) 已知复数 $z=1+\mathrm{i}$,i 为虚数单位,则 $z^2=$

(A) $2+2\mathrm{i}$　　　(B) $2\mathrm{i}$　　　(C) $2-2\mathrm{i}$　　　(D) $-2\mathrm{i}$

【答案】 (B)

【试题解析】 本题考查复数知识.

$$z=1+\mathrm{i},\quad z^2=(1+\mathrm{i})^2=1+2\mathrm{i}+\mathrm{i}^2=2\mathrm{i}.$$

虚数单位 i 的方幂:

$$\mathrm{i}^1=\mathrm{i},\quad \mathrm{i}^2=-1,\quad \mathrm{i}^3=-\mathrm{i},\quad \mathrm{i}^4=1.$$

(11) 在 $\triangle ABC$ 中,若 $\sin A=\dfrac{1}{3}$,$A+B=30°$,$BC=4$,则 $AB=$

(A) 24　　　(B) $6\sqrt{3}$　　　(C) $2\sqrt{3}$　　　(D) 6

【答案】 (D)

【试题解析】 本题考查正弦定理知识.

$A+B=30°$,所以角 $C=150°$.又有 $\dfrac{BC}{\sin A}=\dfrac{AB}{\sin C}$,即 $\dfrac{4}{\dfrac{1}{3}}=\dfrac{AB}{\dfrac{1}{2}}\Rightarrow AB=6$.

(12) 过函数 $y=\dfrac{6}{x}$ 的图像上一点 P 作 x 轴的垂线 PQ,Q 为垂足,O 为坐标原点,则 $\triangle OPQ$ 的面积为

(A) 6　　　　　　　　　　(B) 3

(C) 2　　　　　　　　　　(D) 1

【答案】 (B)

【试题解析】 本题考查反比例函数的性质.

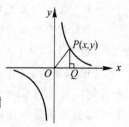

$y=\dfrac{6}{x}$ 的图像如右图所示,$\triangle OPQ$ 的面积应为:$S_{\triangle OPQ}=\dfrac{1}{2}|xy|$,而 P 满足 $y=\dfrac{6}{x}$,即 $xy=6$,由此得解.

（13）已知正方形 $ABCD$，以 A,C 为焦点，且过 B 点的椭圆的离心率为

（A）$\sqrt{2}$　　　（B）$\dfrac{\sqrt{2}+1}{2}$　　　（C）$\dfrac{\sqrt{2}}{2}$　　　（D）$\dfrac{\sqrt{2}-1}{2}$

【答案】（C）

【试题解析】　本题考查椭圆定义．

如右图所示，设正方形边长为 1，则 $AB+BC=2,AC=\sqrt{2}$．在以 AC 为

x 轴，O 为原点的坐标系中，$\dfrac{x^2}{a^2}+\dfrac{y^2}{b^2}=1,2a=2,2c=\sqrt{2}$，故 $e=\dfrac{c}{a}=\dfrac{\sqrt{2}}{2}$．

（14）已知向量 $\boldsymbol{a}=(2,-3,1),\boldsymbol{b}=(2,0,3),\boldsymbol{c}=(0,0,2)$，

则 $\boldsymbol{a}\cdot(\boldsymbol{b}+\boldsymbol{c})=$

（A）8　　　　　　　　　　　（B）9

（C）13　　　　　　　　　　（D）$\sqrt{61}$

【答案】（B）

【试题解析】　本题考查空间向量的运算法则．

　　　　$\boldsymbol{a}\cdot(\boldsymbol{b}+\boldsymbol{c})=\boldsymbol{a}\cdot\boldsymbol{b}+\boldsymbol{a}\cdot\boldsymbol{c}=(2,-3,1)\cdot(2,0,3)+(2,-3,1)\cdot(0,0,2)=9$．

另法：　　　　　　$\boldsymbol{a}\cdot(\boldsymbol{b}+\boldsymbol{c})=(2,-3,1)\cdot(2,0,5)=9$．

【常见错误分析与防范】　两个向量的和仍然是向量，而两个向量的数量积是实数，实数和向量的乘积仍然是向量．

（15）设某项试验每次成功的概率为 $\dfrac{2}{3}$，则在 2 次独立重复试验中，都不成功的概率为

（A）$\dfrac{4}{9}$　　　（B）$\dfrac{1}{3}$　　　（C）$\dfrac{2}{9}$　　　（D）$\dfrac{1}{9}$

【答案】（D）

【试题解析】　本题考查概率知识．

独立重复试验，连续发生的事件的概率用乘法：

$$\left(1-\dfrac{2}{3}\right)\left(1-\dfrac{2}{3}\right)=\dfrac{1}{3}\cdot\dfrac{1}{3}=\dfrac{1}{9}.$$

（16）在空间中，下列四个命题中为真命题的一个是

（A）平行于同一条直线的两条直线互相平行

（B）垂直于同一条直线的两条直线互相平行

（C）若 a 与 b 是异面直线，b 与 c 是异面直线，则 a 与 c 也是异面直线

（D）若直线 $a//$平面 α，直线 $b//$平面 α，则 $a//b$

【答案】（A）

【试题解析】　本题考查直线和平面、直线和直线的位置关系．（A）是平行公理；（B）仅在平面几何里成立；（C）由条件得 a 和 c 既可能平行，也可能相交、异面，故结论错误；（D）平行于同一个平面的两条直线还可能是异面或相交关系．

（17）某学生从 6 门课程中选修 3 门，其中甲、乙两门课程至少选一门，则不同的选课方案共有

（A）4 种　　　　　（B）12 种　　　　　（C）16 种　　　　　（D）20 种

【答案】　（C）

【试题解析】　本题考查排列组合知识.

排列组合题目要注意集合的分类求解. 选课方案分两类：① 甲、乙两门课都选，有 $C_2^2 C_4^1 = 4$ 种选法；② 甲、乙只有一门入选，有 $C_2^1 C_4^2 = 12$ 种选法. 总计 $4+12 = 16$ 种选法.

第 II 卷

二、填空题： 本大题共 4 小题，每小题 4 分，共 16 分.

（18）曲线 $y = 2\sin x$ 在点 $(\pi, 0)$ 处的切线的斜率为____.

【答案】　-2

【试题解析】　本题考查一阶导数的几何意义.

$$y' = (2\sin x)' = 2\cos x, \quad y' \Big|_{x=\pi} = 2\cos \pi = -2.$$

曲线上某点的导数就是曲线在该点切线的斜率.

（19）设 α 是直线 $y = -x + 2$ 的倾斜角，则 $\alpha =$ ____.

【答案】　$\dfrac{3\pi}{4}$

【试题解析】　本题考查直线的斜率和倾斜角的概念.

直线的倾斜角定义在 $[0, \pi)$ 之间，对 $y = kx + b$，k 即为倾斜角的正切值，故 $\tan \alpha = -1$，$\alpha \in [0, \pi)$，所以 $\alpha = \dfrac{3\pi}{4}$.

（20）一个三棱锥的三个侧面与底面都是等边三角形，则其侧面和底面所成角的余弦值是____.

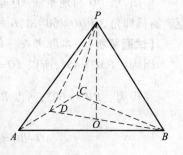

【答案】　$\dfrac{1}{3}$

【试题解析】　本题考查正四面体的知识和二面角的知识.

侧面和底面都是等边三角形的三棱锥是正四面体. 如右图所示，D 是 AC 的中点，则易知 $\angle PDO$ 为二面角的平面角. O 是底面中心，所以

$$OD = \frac{1}{3}BD = \frac{1}{3}PD, \quad \cos \angle PDO = \frac{OD}{PD} = \frac{1}{3}.$$

（21）设随机变量 ξ 的分布列为

ξ	1	2	3	4
P	$\dfrac{1}{6}$	$\dfrac{1}{3}$	$\dfrac{1}{3}$	$\dfrac{1}{6}$

则 ξ 的数学期望 $E\xi =$ ____.

【答案】 $\dfrac{5}{2}$

【试题解析】 本题考查数学期望的计算.

根据公式,有

$$E\xi = 1 \times \frac{1}{6} + 2 \times \frac{1}{3} + 3 \times \frac{1}{3} + 4 \times \frac{1}{6} = \frac{5}{2}.$$

三、解答题:本大题共 4 小题,共 49 分.解答应写出推理、演算步骤.

(22)(本小题满分 12 分)

已知等差数列 $\{a_n\}$ 中,$a_1 = 9$,$a_3 + a_8 = 0$.

（Ⅰ）求数列 $\{a_n\}$ 的通项公式;

（Ⅱ）当 n 为何值时,数列 $\{a_n\}$ 的前 n 项和 S_n 取得最大值,并求该最大值.

【试题解析】 本题考查等差数列的通项公式和前 n 项和公式.

（Ⅰ）设等差数列 $\{a_n\}$ 的公差为 d,由已知 $a_3 + a_8 = 0$,得 $2a_1 + 9d = 0$.

又已知 $a_1 = 9$,所以 $d = -2$.

数列 $\{a_n\}$ 的通项公式为

$$a_n = 9 - 2(n-1),\text{ 即 } a_n = 11 - 2n.$$

（Ⅱ）数列 $\{a_n\}$ 的前 n 项和

$$S_n = \frac{n}{2}(9 + 11 - 2n) = -n^2 + 10n = -(n-5)^2 + 25.$$

当 $n = 5$ 时,S_n 取得最大值 25.

(23)(本小题满分 12 分)

如图,塔 PO 与地平线 AO 垂直,在 A 点测得塔顶 P 的仰角 $\angle PAO = 45°$,沿 AO 方向前进至 B 点,测得仰角 $\angle PBO = 60°$,A,B 相距 44 m,求塔高 PO.(精确到 0.1 m)

【试题解析】 本题考查三角函数和解三角形的相关知识.

因为 $\angle PAO = 45°$,所以 $AO = PO$.

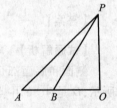

又因为 $\angle PBO = 60°$,所以 $BO = \dfrac{\sqrt{3}}{3}PO$.

$$AO - BO = AB,\text{ 即 } PO - \frac{\sqrt{3}}{3}PO = 44,$$

解得塔高 $PO = \dfrac{132}{3 - \sqrt{3}} \approx 104.1\,(\text{m})$.

(24)(本小题满分 12 分)

已知一个圆的圆心为双曲线 $\dfrac{x^2}{4} - \dfrac{y^2}{12} = 1$ 的右焦点,并且此圆过原点.

（Ⅰ）求该圆的方程;

（Ⅱ）求直线 $y = \sqrt{3}x$ 被该圆截得的弦长.

【试题解析】 本题考查双曲线、圆以及直线和圆的位置关系等知识.

（Ⅰ）由计算可知双曲线的右焦点坐标为 $(4, 0)$,所以圆心的坐标为 $(4, 0)$.

又因为圆过原点,所以圆的半径为 4,则圆的方程为 $(x-4)^2 + y^2 = 16$.

（Ⅱ）记直线 $y=\sqrt{3}x$ 被该圆截得的弦长为 a.

直线 $y=\sqrt{3}x$ 的倾斜角为 $\dfrac{\pi}{3}$,所以 $a=8\cos\dfrac{\pi}{3}=4$.

（25）（本小题满分 13 分）

已知函数 $f(x)=x-2\sqrt{x}$.

（Ⅰ）求函数 $y=f(x)$ 的单调区间,并指出它在各单调区间上是增函数还是减函数;

（Ⅱ）求函数 $y=f(x)$ 在区间 $[0,4]$ 上的最大值和最小值.

【试题解析】　本题考查导数应用:用导数判断单调区间和求函数的最大值、最小值.

（Ⅰ）$f'(x)=1-\dfrac{1}{\sqrt{x}}$.

令 $f'(x)=0$,解得 $x=1$.

当 $x\in(0,1)$ 时,$f'(x)<0$;当 $x\in(1,+\infty)$ 时,$f'(x)>0$.

故函数 $f(x)$ 在 $(0,1)$ 内是减函数,在 $(1,+\infty)$ 内是增函数.

（Ⅱ）当 $x=1$ 时,$f(x)$ 取到极小值.

又 $f(0)=0$,$f(1)=-1$,$f(4)=0$,故函数 $f(x)$ 在区间 $[0,4]$ 上的最大值为 0,最小值为 -1.

2009 年成人高等学校招生全国统一考试(高中起点升本、专科)
数学(理工农医类)试题解析

第 I 卷

一、选择题:本大题共 17 小题,每小题 5 分,共 85 分.在每小题给出的四个选项中,只有一项是符合题目要求的.

(1) 集合 A 是不等式 $3x+1 \geqslant 0$ 的解集,集合 $B=\{x|x<1\}$,则集合 $A \cap B=$

(A) $\{x|-1 \leqslant x<1\}$　　(B) $\left\{x \left| -\dfrac{1}{3} \leqslant x<1\right.\right\}$　　(C) $\{x|-1<x \leqslant 1\}$　　(D) $\left\{x \left| -\dfrac{1}{3}<x \leqslant 1\right.\right\}$

【答案】　(B)

【试题解析】　本题考查集合运算和简单不等式的解法.

$A=\left\{x \left| x \geqslant -\dfrac{1}{3}\right.\right\}$,所以 $A \cap B=\left\{x \left| -\dfrac{1}{3} \leqslant x<1\right.\right\}$.

(2) 设 $z=1+2i$,i 为虚数单位,则 $z+\bar{z}=$

(A) $-2i$　　　　(B) $2i$　　　　(C) -2　　　　(D) 2

【答案】　(D)

【试题解析】　$z=1+2i$,则 $\bar{z}=1-2i$,所以 $z+\bar{z}=2$.

本题考查复数知识.

(3) 函数 $y=\dfrac{1}{x+1}$ $(x \neq -1)$ 的反函数为

(A) $y=x+1$ $(x \in \mathbf{R})$　　　　　　(B) $y=x-1$ $(x \in \mathbf{R})$

(C) $y=\dfrac{1}{x}+1$ $(x \neq 0)$　　　　　　(D) $y=\dfrac{1}{x}-1$ $(x \neq 0)$

【答案】　(D)

【试题解析】　$y=\dfrac{1}{x+1}$,则 $x+1=\dfrac{1}{y}$,$x=\dfrac{1}{y}-1$,互换 x,y,得所求反函数为 $y=\dfrac{1}{x}-1$ $(x \neq 0)$.

本题考查反函数的概念及求法.

(4) 函数 $y=\log_2(x^2-3x+2)$ 的定义域为

(A) $\{x|x>2\}$　　(B) $\{x|x>3\}$　　(C) $\{x|x<1$ 或 $x>2\}$　　(D) $\{x|x<-1\}$

【答案】　(C)

【试题解析】　令 $x^2-3x+2>0$,即 $(x-2)(x-1)>0$,解得 $x>2$ 或 $x<1$,即 $y=\log_2(x^2-3x+2)$ 的定义域为 $\{x|x<1$ 或 $x>2\}$,选(C).

(5) 如果 $0<\theta<\dfrac{\pi}{4}$,则

(A) $\cos \theta<\sin \theta$　　(B) $\sin \theta<\tan \theta$　　(C) $\tan \theta<\cos \theta$　　(D) $\cos \theta<\tan \theta$

【答案】（B）

【试题解析】　θ 由 0 变化到 $\dfrac{\pi}{4}$ 时，$\sin\theta$ 由 0 递增到 $\dfrac{\sqrt{2}}{2}$，而 $\cos\theta$ 是由 1 递减到 $\dfrac{\sqrt{2}}{2}$，故 $\cos\theta >$ $\sin\theta$.

又由于 $\tan\theta = \dfrac{\sin\theta}{\cos\theta} > \sin\theta$，$\theta\in\left(0,\dfrac{\pi}{2}\right)$，故选（B）.

本题考查三角函数知识.

（6）下列函数中，在其定义域上为减函数的是

（A）$y=\left(\dfrac{1}{2}\right)^{x^2}$ 　　　　（B）$y=2^x$ 　　　　（C）$y=\left(\dfrac{1}{2}\right)^x$ 　　　　（D）$y=x^2$

【答案】（C）

【试题解析】　$y=\left(\dfrac{1}{2}\right)^x$ 在其定义域 $(-\infty,+\infty)$ 内为减函数；$y=2^x$ 在 $(-\infty,+\infty)$ 内为增函数；而 $y=x^2$ 和 $y=\left(\dfrac{1}{2}\right)^{x^2}$ 都是偶函数，在 $(-\infty,+\infty)$ 内不单调. 事实上，偶函数关于 y 轴对称，在 $(-\infty,0)$ 和 $(0,+\infty)$ 内的单调性相反.

本题考查函数的单调性和奇偶性，涉及指数函数和二次函数.

（7）设甲：$2^a > 2^b$，乙：$a>b$，则

（A）甲是乙的必要条件，但不是乙的充分条件

（B）甲是乙的充分条件，但不是乙的必要条件

（C）甲不是乙的充分条件，也不是乙的必要条件

（D）甲是乙的充分必要条件

【答案】（D）

【试题解析】　由于 $y=2^x$ 是 $(-\infty,+\infty)$ 内的增函数，所以 $2^a > 2^b \Leftrightarrow a>b$，选（D）.

本题考查指数函数的单调性和充分必要条件的知识.

（8）直线 $x+2y+3=0$ 经过

（A）第一、二、三象限　　　　　　　　（B）第二、三、四象限

（C）第一、二、四象限　　　　　　　　（D）第一、三、四象限

【答案】（B）

【试题解析】　选择满足直线方程的两个点，例如 $\left(0,-\dfrac{3}{2}\right)$ 和 $(-3,0)$，连接后即知该直线经过第二、三、四象限.

本题考查直线方程及其图像.

（9）若 θ 为第一象限角，且 $\sin\theta-\cos\theta=0$，则 $\sin\theta+\cos\theta=$

（A）$\sqrt{2}$ 　　　　（B）$\dfrac{\sqrt{2}}{2}$ 　　　　（C）$\dfrac{\sqrt{2}}{3}$ 　　　　（D）$\dfrac{\sqrt{2}}{4}$

【答案】（A）

【试题解析】　由 $\sin\theta-\cos\theta=0$，得 $\sin\theta=\cos\theta$，即 $\tan\theta=1$. 又 θ 为第一象限角，可取 $\theta=\dfrac{\pi}{4}$

作为特殊值,则 $\sin\dfrac{\pi}{4}+\cos\dfrac{\pi}{4}=\dfrac{\sqrt{2}}{2}+\dfrac{\sqrt{2}}{2}=\sqrt{2}$.

本题考查三角函数知识.

(10) 正六边形中,由任意三个顶点连线构成的三角形的个数为

(A) 6   (B) 20   (C) 120   (D) 720

【答案】 (B)

【试题解析】 由于正六边形的六个顶点无任何三点共线,故由任意三个顶点连线构成的三角形的个数为 $C_6^3=20$.

本题考查排列组合知识.

(11) 向量 $\boldsymbol{a}=(1,2)$,$\boldsymbol{b}=(-2,1)$,则 $\boldsymbol{a}$ 与 $\boldsymbol{b}$ 的夹角为

(A) 30°   (B) 45°   (C) 60°   (D) 90°

【答案】 (D)

【试题解析】 设夹角为 θ. 因为 $\boldsymbol{a}\cdot\boldsymbol{b}=-2+2=0$,所以 $\theta=90°$.

本题考查向量数量积的知识.

(12) l 为正方体的一条棱所在的直线,则该正方体各条棱所在的直线中,与 l 异面的共有

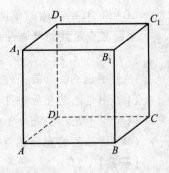

(A) 2 条   (B) 3 条

(C) 4 条   (D) 5 条

【答案】 (C)

【试题解析】 如右图所示,和棱 AB 所在直线成异面关系的,只有 CC_1,DD_1,A_1D_1,B_1C_1 4 条.

(13) 若 $(1+x)^n$ 展开式中的第一、二项系数之和为 6,则 $n=$

(A) 5   (B) 6

(C) 7   (D) 8

【答案】 (A)

【试题解析】 由于 $C_n^0+C_n^1=6$,即 $1+n=6$,得 $n=5$.

注意:第一项的系数是 C_n^0,不要错写为 C_n^1.

本题考查二项式定理和排列组合知识.

(14) 过点 $(1,2)$ 且与直线 $2x+y-3=0$ 平行的直线方程为

(A) $2x+y-5=0$ (B) $2y-x-3=0$ (C) $2x+y-4=0$ (D) $2x-y=0$

【答案】 (C)

【试题解析】 设和 $2x+y-3=0$ 平行的直线方程为 $2x+y+C=0$,将 $(1,2)$ 代入,则有 $2\times1+2+C=0$,得 $C=-4$. 答案为(C).

本题考查两条直线的位置关系.

(15) 圆 $\begin{cases}x=1+r\cos\theta,\\ y=-1+r\sin\theta\end{cases}$ ($r>0$,θ 为参数)与直线 $x-y=0$ 相切,则 $r=$

(A) $\sqrt{2}$ (B) $\sqrt{3}$ (C) 2   (D) 4

【答案】 (A)

【试题解析】　消去圆的参数方程中的参数 θ,有

$$(x-1)^2+(y+1)^2=r^2,$$

圆心为 $(1,-1)$. 因为圆和 $x-y=0$ 相切,应有

$$r=\frac{|1-(-1)|}{\sqrt{2}}=\sqrt{2}.$$

本题考查圆的参数方程,考查直线和圆的位置关系.

(16) 若三棱锥的三个侧面都是边长为 1 的等边三角形,则该三棱锥的高为

(A) $\frac{\sqrt{2}}{2}$ 　　　　(B) $\frac{\sqrt{3}}{3}$ 　　　　(C) $\frac{\sqrt{6}}{3}$ 　　　　(D) $\frac{1}{2}$

【答案】　(C)

【试题解析】　由于三棱锥的三个侧面边长都是 1,所以底面也是等边三角形,该几何体为正四面体,如右图所示.

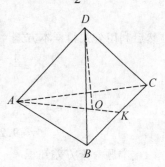

设 O 为底面中心,则有

$$AB=1,\ AO=\frac{2}{3}AK=\frac{2}{3}\cdot\frac{\sqrt{3}}{2}=\frac{\sqrt{3}}{3},$$

故三棱锥的高为 $\quad DO=\sqrt{AD^2-AO^2}=\frac{\sqrt{6}}{3}.$

本题考查正三棱锥的性质.

(17) 某人打靶,每枪命中目标的概率都是 0.9,则 4 枪中恰有 2 枪命中目标的概率为

(A) 0.048 6 　　　　(B) 0.81 　　　　(C) 0.5 　　　　(D) 0.008 1

【答案】　(A)

【试题解析】　所求概率应为

$$C_4^2\cdot 0.9^2\cdot 0.1^2=0.048\ 6.$$

本题考查概率的求法.

第 II 卷

二、填空题:本大题共 4 小题,每小题 4 分,共 16 分.

(18) 向量 a,b 互相垂直,且 $|a|=1$,则 $a\cdot(a+b)=$ _____ .

【答案】　1

【试题解析】　由 $a\perp b$,得 $a\cdot b=0$. 而 $a^2=|a|^2=1$,所以

$$a\cdot(a+b)=a^2+a\cdot b=1.$$

本题考查向量数量积的知识.

(19) $\lim\limits_{x\to 1}\dfrac{1}{2x+1}=$ _____ .

【答案】　$\dfrac{1}{3}$

【试题解析】　函数 $y=\dfrac{1}{2x+1}$ 在 $x=1$ 处连续,故

$$\lim_{x \to 1} \frac{1}{2x+1} = \frac{1}{3}.$$

本题考查函数极限的知识. 对于在 x_0 点连续的函数 $f(x)$, 有

$$\lim_{x \to x_0} f(x) = f(x_0).$$

(20) 从某种植物中随机抽取 6 株, 其花期(单位:天)分别为 19, 23, 18, 16, 25, 21, 则其样本方差为_____.(精确到 0.1)

【答案】 9.2

【试题解析】 先计算平均值

$$\bar{x} = \frac{1}{6}(19+23+18+16+25+21) \approx 20.33,$$

然后利用公式得样本方差

$$s^2 = \frac{1}{n} \sum_{i=1}^{n} (x_i - \bar{x})^2$$

$$= \frac{1}{6}\left[(19-\bar{x})^2 + (23-\bar{x})^2 + (18-\bar{x})^2 + (16-\bar{x})^2 + (25-\bar{x})^2 + (21-\bar{x})^2\right]$$

$$\approx 9.2.$$

本题考查方差知识.

(21) 不等式 $|2x+1|>1$ 的解集为_____.

【答案】 $(-\infty, -1) \cup (0, +\infty)$

【试题解析】 $|2x+1|>1 \Leftrightarrow 2x+1>1$ 或 $2x+1<-1 \Leftrightarrow x>0$ 或 $x<-1$,
所以该不等式的解集为 $(-\infty, -1) \cup (0, +\infty)$.

本题考查绝对值不等式的知识.

三、解答题:本大题共 4 小题,共 49 分.解答应写出推理、演算步骤.

(22)(本小题满分 12 分)

面积为 6 的直角三角形三边的长由小到大成等差数列,公差为 d.

(Ⅰ)求 d 的值;

(Ⅱ)在以最短边的长为首项,公差为 d 的等差数列中,102 为第几项?

【试题解析】 本题考查等差数列的知识.

(Ⅰ)由已知条件可设直角三角形的三边长分别为

$$a-d, \quad a, \quad a+d, \text{其中} a>0, d>0,$$

则 $(a+d)^2 = a^2 + (a-d)^2$,得 $a = 4d$,

所以三角形的三边长分别为 $3d, 4d, 5d$.

因为 $S = \frac{1}{2} \times 3d \times 4d = 6$,

解得公差 $d = 1$.

(Ⅱ)以 3 为首项,1 为公差的等差数列通项为

$$a_n = 3 + (n-1),$$

由 $3 + (n-1) = 102$,得 $n = 100$,

故第 100 项为 102.

（23）（本小题满分 12 分）

设函数 $f(x)=x^4-2x^2+3$.

（Ⅰ）求曲线 $y=x^4-2x^2+3$ 在点 $(2,11)$ 处的切线方程；

（Ⅱ）求函数 $f(x)$ 的单调区间.

【试题解析】　本题考查导数的应用,涉及切线斜率和函数单调区间的问题.

（Ⅰ）　　　　　　　　　　　　$f'(x)=4x^3-4x,\ f'(2)=24$,

所求切线方程为

$$y-11=24(x-2),\ 即\ 24x-y-37=0.$$

（Ⅱ）令 $f'(x)=0$,　解得

$$x_1=-1,\quad x_2=0,\quad x_3=1.$$

当 x 变化时,$f'(x),f(x)$ 的变化情况如下表:

x	$(-\infty,-1)$	-1	$(-1,0)$	0	$(0,1)$	1	$(1,+\infty)$
$f'(x)$	$-$	0	$+$	0	$-$	0	$+$
$f(x)$	$\searrow$	2	$\nearrow$	3	$\searrow$	2	$\nearrow$

$f(x)$ 的单调增区间为 $(-1,0),(1,+\infty)$;单调减区间为 $(-\infty,-1),(0,1)$.

（24）（本小题满分 12 分）

在 $\triangle ABC$ 中,$A=45°,B=60°,AB=2$,求 $\triangle ABC$ 的面积.(精确到 0.01)

【试题解析】　本题考查解三角形的知识,涉及正弦定理和三角形的面积公式.

由正弦定理可知 $\dfrac{BC}{\sin A}=\dfrac{AB}{\sin C}$,则

$$BC=\frac{AB\times\sin 45°}{\sin 75°}=\frac{2\times\dfrac{\sqrt{2}}{2}}{\dfrac{\sqrt{6}+\sqrt{2}}{4}}=2(\sqrt{3}-1),$$

所以　　　　　$S_{\triangle ABC}=\dfrac{1}{2}\times BC\times AB\times\sin B=\dfrac{1}{2}\times2(\sqrt{3}-1)\times2\times\dfrac{\sqrt{3}}{2}$

$$=3-\sqrt{3}\approx1.27.$$

（25）（本小题满分 13 分）

已知抛物线 $y^2=\dfrac{1}{2}x$,O 为坐标原点,F 为抛物线的焦点.

（Ⅰ）求 $|OF|$ 的值；

（Ⅱ）求抛物线上点 P 的坐标,使 $\triangle OFP$ 的面积为 $\dfrac{1}{4}$.

【试题解析】　本题考查抛物线知识,涉及抛物线方程及焦点坐标.

（Ⅰ）由已知得 $F\left(\dfrac{1}{8},0\right)$,所以 $|OF|=\dfrac{1}{8}$.

（Ⅱ）设 P 点的横坐标为 x $(x>0)$,则 P 点的纵坐标为 $\sqrt{\dfrac{x}{2}}$ 或 $-\sqrt{\dfrac{x}{2}}$,$\triangle OFP$ 的面积为

$$\frac{1}{2} \times \frac{1}{8} \times \sqrt{\frac{x}{2}} = \frac{1}{4}, 解得 x = 32,$$

故 P 点坐标为 $(32,4)$ 或 $(32,-4)$.

【常见错误分析与防范】 注意 (II) 中不要丢掉点 $P(32,-4)$ 的情况,事实上,$S_{\triangle OPF} = \frac{1}{2} |OF| \cdot |y_P|.$

2010年成人高等学校招生全国统一考试(高中起点升本、专科)

数学(理工农医类)试题解析

第Ⅰ卷

一、选择题:本大题共17小题,每小题5分,共85分.在每小题给出的四个选项中,只有一项是符合题目要求的.

(1) 设集合 $M=\{x\mid x\geqslant-3\}$,$N=\{x\mid x\leqslant1\}$,则 $M\cap N=$

(A) **R**   (B) $(-\infty,-3]\cup[1,+\infty)$ (C) $[-3,1]$ (D) $\varnothing$

【答案】 (C)

【试题解析】 本题考查集合的运算.

$M\cap N$ 是由既属于 M 的元素又属于 N 的元素组成的集合.$M\cap N=\{x\mid-3\leqslant x\leqslant1\}$,其区间形式为 $[-3,1]$,答案选(C).

(2) 函数 $y=\sin 2x$ 的最小正周期是

(A) 6π (B) 2π (C) π (D) $\dfrac{\pi}{2}$

【答案】 (C)

【试题解析】 本题考查三角函数的周期.$y=\sin\omega x$ 的周期应为 $T=\dfrac{2\pi}{|\omega|}$,故本题 $T=\dfrac{2\pi}{2}=\pi$,答案选(C).

应记忆:$y=A\sin(\omega x+\varphi)$ $(\omega>0)$ 的周期为 $\dfrac{2\pi}{\omega}$;$y=A\cos(\omega x+\varphi)$ $(\omega>0)$ 的周期为 $\dfrac{2\pi}{\omega}$;$y=A\tan(\omega x+\varphi)$ $(\omega>0)$ 的周期为 $\dfrac{\pi}{\omega}$.

(3) $\sin 15°\cos 15°=$

(A) $\dfrac{1}{4}$ (B) $\dfrac{1}{2}$ (C) $\dfrac{\sqrt{3}}{4}$ (D) $\dfrac{\sqrt{2}}{2}$

【答案】 (A)

【试题解析】 本题考查三角函数的倍角公式和特殊角的三角函数值.

根据 $\sin 2\alpha=2\sin\alpha\cos\alpha$,得

$$\sin 15°\cos 15°=\dfrac{1}{2}(2\sin 15°\cos 15°)=\dfrac{1}{2}\sin 30°=\dfrac{1}{4},$$

答案选(A).

(4) $27^{\frac{2}{3}}-\log_2 8=$

(A) 12   (B) 6   (C) 3   (D) 1

【答案】 (B)

【试题解析】 本题考查分数指数幂和对数的相关知识.

$$27^{\frac{2}{3}} - \log_2 8 = (\sqrt[3]{27})^2 - \log_2 2^3 = 9 - 3 = 6.$$

注意:$27^{\frac{2}{3}}$采用$(\sqrt[3]{27})^2 = 9$计算,较$\sqrt[3]{27^2}$简单.

(5) 设甲:$x = \dfrac{\pi}{2}$,乙:$\sin x = 1$,则

(A) 甲是乙的必要条件,但不是乙的充分条件

(B) 甲是乙的充分条件,但不是乙的必要条件

(C) 甲不是乙的充分条件,也不是乙的必要条件

(D) 甲是乙的充分必要条件

【答案】 (B)

【试题解析】 本题考查充分必要条件的判定.

显然甲:$x = \dfrac{\pi}{2} \Rightarrow$乙:$\sin x = 1$,但乙:$\sin x = 1$得出的是$x = 2k\pi + \dfrac{\pi}{2}$,$k \in \mathbf{Z}$,所以甲是乙的充分不必要条件,答案选(B).

(6) 下列函数中,为奇函数的是

(A) $y = -x^3$ (B) $y = x^3 - 2$ (C) $y = \left(\dfrac{1}{2}\right)^x$ (D) $y = \log_2\left(\dfrac{1}{x}\right)$

【答案】 (A)

【试题解析】 本题考查函数的奇偶性.

本题可用特殊值排除法,选$x = 1$和$x = -1$:

对于(B),$1 - 2 \neq -(-1-2)$;

对于(C),$\left(\dfrac{1}{2}\right)^1 = \dfrac{1}{2} \neq -\left(\dfrac{1}{2}\right)^{-1} = -2$;

对于(D),由定义域知$x < 0$无意义. 答案选(A).

此题也可以用直接法. 设$y = f(x) = -x^3$,则

$$f(x) = -x^3,\ f(-x) = -(-x)^3 = x^3,\ f(x) = -f(-x),$$

故$y = -x^3$为奇函数,选(A).

(7) 已知点$A(-5,3)$,$B(3,1)$,则线段AB中点的坐标为

(A) $(4,-1)$ (B) $(-4,1)$ (C) $(-2,4)$ (D) $(-1,2)$

【答案】 (D)

【试题解析】 本题考查中点公式.

$$\begin{cases} x_{\text{中}} = \dfrac{x_1 + x_2}{2}, \\ y_{\text{中}} = \dfrac{y_1 + y_2}{2}, \end{cases}$$ 所以AB中点的坐标为$\left(\dfrac{-5+3}{2}, \dfrac{3+1}{2}\right)$,即$(-1,2)$,答案选(D).

(8) i为虚数单位,则$(2-3i)(3+2i) =$

(A) $12 - 13i$ (B) $-5i$ (C) $12 + 5i$ (D) $12 - 5i$

【答案】 (D)

【试题解析】　本题考查复数的运算.

$$(2-3i)(3+2i)=6-5i-6i^2=6-5i+6=12-5i,$$

答案选（D）.

i 是虚数单位，$i^2=-1$，所以 $i^3=-i$，$i^4=(i^2)^2=1$.

（9）若向量 $\boldsymbol{a}=(x,2)$，$\boldsymbol{b}=(-2,4)$，且 $\boldsymbol{a},\boldsymbol{b}$ 共线，则 $x=$

（A）-4　　　　　（B）-1　　　　　（C）1　　　　　（D）4

【答案】　（B）

【试题解析】　本题考查向量共线的知识.

由 $\boldsymbol{a},\boldsymbol{b}$ 共线，则有 $4x-(-2)\times2=0$，得 $x=-1$. 答案选（B）.

实际上，若 $\boldsymbol{a}=(x_1,y_1)$，$\boldsymbol{b}=(x_2,y_2)$，且 $\boldsymbol{a}\parallel\boldsymbol{b}$，则 $x_1y_2-x_2y_1=0$.

（10）已知 $\left(x+\dfrac{1}{x}\right)^n$ 的展开式中各项系数的和等于512，那么 $n=$

（A）10　　　　　（B）9　　　　　（C）8　　　　　（D）7

【答案】　（B）

【试题解析】　本题考查二项式定理.

由于　　　　$(a+b)^n=C_n^0a^n+C_n^1a^{n-1}b+C_n^2a^{n-2}b^2+\cdots+C_n^nb^n$，

当 $a=b=1$ 时，有　　　$2^n=C_n^0+C_n^1+C_n^2+\cdots+C_n^n$，

所以　　　$\left(x+\dfrac{1}{x}\right)^n=C_n^0x^n+C_n^1x^{n-1}\left(\dfrac{1}{x}\right)+C_n^2x^{n-2}\left(\dfrac{1}{x}\right)^2+\cdots+C_n^n\left(\dfrac{1}{x}\right)^n$，

赋值 $x=1$，可得各项系数和为 2^n，故有 $2^n=512$，解得 $n=9$，答案选（B）.

（11）向量 $\boldsymbol{a}=(0,1,0)$ 与 $\boldsymbol{b}=(-3,2,\sqrt{3})$ 的夹角的余弦值为

（A）$\dfrac{\sqrt{6}+\sqrt{2}}{4}$　　（B）$\dfrac{\sqrt{3}}{2}$　　（C）$\dfrac{1}{2}$　　（D）0

【答案】　（C）

【试题解析】　本题考查空间向量的夹角公式.

设两个向量的夹角为 α，则

$$\cos\alpha=\frac{\boldsymbol{a}\cdot\boldsymbol{b}}{|\boldsymbol{a}|\,|\boldsymbol{b}|}=\frac{0\times(-3)+1\times2+0\times\sqrt{3}}{\sqrt{0^2+1^2+0^2}\sqrt{(-3)^2+2^2+(\sqrt{3})^2}}=\frac{2}{4}=\frac{1}{2}.$$

空间向量夹角的余弦公式和平面向量夹角的余弦公式类似，可类比辅助记忆.

（12）已知一个等差数列的第5项等于10，前3项的和等于3，那么这个等差数列的公差为

（A）3　　　　　（B）1　　　　　（C）-1　　　　　（D）-3

【答案】　（A）

【试题解析】　本题考查等差数列的知识.

根据等差数列的通项公式：$a_n=a_1+(n-1)d$，可得

$$\begin{cases}10=a_1+4d,\\a_1+(a_1+d)+(a_1+2d)=3,\end{cases}\text{解得}\begin{cases}a_1=-2,\\d=3.\end{cases}$$

此题也可这样求解：因为

$$a_1+a_2+a_3=3a_2=3,得\ a_2=1,$$

而 $$a_5-a_2=3d,即\ 10-1=3d,得\ d=3.$$

(13) 函数 $y=\sqrt{4-|x|}$ 的定义域是

(A) $(-\infty,-4]\cup[4,+\infty)$ (B) $(-\infty,-2]\cup[2,+\infty)$

(C) $[-4,4]$ (D) $[-2,2]$

【答案】 (C)

【试题解析】 本题考查根式知识和绝对值不等式的解法.

$$4-|x|\geqslant0,即\ |x|\leqslant4,解得-4\leqslant x\leqslant4,$$

即所求定义域为 $[-4,4]$,选(C).

(14) 函数 $y=(x-1)^2-4\ (x\geqslant1)$ 的反函数为

(A) $y=1+\sqrt{x+4}\ (x\geqslant-4)$ (B) $y=1-\sqrt{x+4}\ (x\geqslant-4)$

(C) $y=(x-3)(x+1)\ (x\in\mathbf{R})$ (D) $y=\log_2(x+4)\ (x>-4)$

【答案】 (A)

【试题解析】 本题考查反函数的求法.

$$y=(x-1)^2-4,所以\ y+4=(x-1)^2,$$

因为 $x\geqslant1$,所以

$$x-1=\sqrt{y+4},即\ x=\sqrt{y+4}+1,$$

x 换 y , y 换 x ,得

$$y=\sqrt{x+4}+1.$$

因为原函数 $y\geqslant-4$,所以反函数为

$$y=\sqrt{x+4}+1\ (x\geqslant-4),$$

答案选(A).

(15) 在正方体 $ABCD$-$A_1B_1C_1D_1$ 中, AC 所在直线与 BC_1 所在直线所成角的大小是

(A) 30° (B) 45° (C) 60° (D) 90°

【答案】 (C)

【试题解析】 本题考查异面直线所成的角.

如图所示,连接 A_1C_1 , BA_1 ,则易知 $\triangle A_1C_1B$ 为正三角形,所以 $\angle A_1C_1B=60°$.

又因为 $A_1C_1\parallel AC$,所以 $\angle A_1C_1B$ 即为异面直线 BC_1 和 AC 所成的角,故答案选(C).

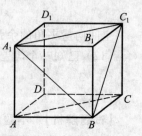

(16) 设 $0<a<b<1$,则

(A) $\log_a2<\log_b2$ (B) $\log_2a>\log_2b$

(C) $a^{\frac{1}{2}}>b^{\frac{1}{2}}$ (D) $\left(\dfrac{1}{2}\right)^a>\left(\dfrac{1}{2}\right)^b$

【答案】 (D)

【试题解析】 本题考查对数函数、幂函数和指数函数的单调性.

因为 $0<a<b<1$，所以 $\log_2 a<\log_2 b<0$，(B)错．

由上可知，$\dfrac{1}{\log_a 2}=\log_2 a<\log_2 b=\dfrac{1}{\log_b 2}$，所以 $\log_a 2>\log_b 2$，(A)错．

又因为 $0<a<b$，所以 $\sqrt{a}<\sqrt{b}$，即 $a^{\frac{1}{2}}<b^{\frac{1}{2}}$，(C)错．

指数函数 $y=\left(\dfrac{1}{2}\right)^x$ 是减函数，由 $a<b$，知 $\left(\dfrac{1}{2}\right)^a>\left(\dfrac{1}{2}\right)^b$，选(D)．

(17) 用 0,1,2,3 这四个数字,组成的没有重复数字的四位数共有

(A) 24 个　　　　　(B) 18 个　　　　　(C) 12 个　　　　　(D) 10 个

【答案】　(B)

【试题解析】　本题考查排列组合的知识．

解法 1　四个数字全排列有 A_4^4 种,其中 0 排在千位的有 A_3^3 种,从而没有重复数字的四位数共有

$$A_4^4-A_3^3=24-6=18(个).$$

解法 2　在 1,2,3 三个数中选一个排首位,共有 C_3^1 种排法;然后剩下的三个数字在后三位上全排列,有 A_3^3 种排法,所以共有 $C_3^1 A_3^3=18$ 个没有重复数字的四位数,选(B)．

第 II 卷

二、填空题:本大题共 4 小题,每小题 4 分,共 16 分.

(18) 过圆 $x^2+y^2=25$ 上一点 $M(-3,4)$ 作该圆的切线,则此切线方程为_____．

【答案】　$3x-4y+25=0$

【试题解析】　本题考查直线和圆的知识．

设圆心为 O．由于切线垂直于过切点的半径,所以切线的斜率 k 应满足 $k_{OM}\cdot k=-1$．因为 $k_{OM}=\dfrac{4}{-3}$,所以 $k=\dfrac{3}{4}$,从而所求切线方程为

$$y-4=\dfrac{3}{4}(x+3),\text{ 整理得 } 3x-4y+25=0.$$

(19) 各条棱长都为 2 的正四棱锥的体积为_____．

【答案】　$\dfrac{4}{3}\sqrt{2}$

【试题解析】　如图所示,设 V_{S-ABCD} 是正四棱锥,且棱长都是 2,则有

$$SA=2,\ AO=\sqrt{2},\ SO=\sqrt{SA^2-AO^2}=\sqrt{2},$$

从而

$$V_{S-ABCD}=\dfrac{1}{3}\cdot 2^2\cdot\sqrt{2}=\dfrac{4}{3}\sqrt{2}.$$

本题考查立体几何中多面体体积的求法．

(20) 如果二次函数的图像经过原点和点 $(-4,0)$,则该二次函数图像的对称轴方程为_____．

【答案】　$x=-2$

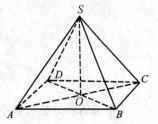

【试题解析】　本题考查二次函数的图像和性质.

因为二次函数的图像过$(0,0)$和$(-4,0)$两点,此两点都在x轴上,所以$x=\dfrac{0+(-4)}{2}=-2$即为对称轴方程.

注意　由求解过程知,本题的答案与二次函数图像的开口方向无关.

(21) 已知随机变量ξ的分布列是:

ξ	1	2	3	4	5
P	0.4	0.2	0.2	0.1	0.1

则$E\xi=$ _____.

【答案】　2.3

【试题解析】　本题考查数学期望的知识.

根据所给分布列和数学期望求解方法,得

$$E\xi = 1\times0.4+2\times0.2+3\times0.2+4\times0.1+5\times0.1$$
$$=2.3.$$

三、解答题:本大题共4小题,共49分.解答应写出推理、演算步骤.

(22)(本小题满分12分)

在$\triangle ABC$中,$AB=8\sqrt{6}$,$B=45^\circ$,$C=60^\circ$,求AC,BC.

【试题解析】　如图所示,可得

$$A=180^\circ-B-C=180^\circ-45^\circ-60^\circ=75^\circ.$$

又　　　　　　$\sin 75^\circ = \sin(45^\circ+30^\circ) = \sin 45^\circ\cos 30^\circ+\cos 45^\circ\sin 30^\circ$

$$=\frac{\sqrt{6}+\sqrt{2}}{4},$$

且在$\triangle ABC$中,由正弦定理得

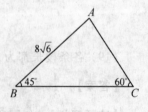

$$\frac{AC}{\sin 45^\circ}=\frac{BC}{\sin 75^\circ}=\frac{AB}{\sin C}=\frac{8\sqrt{6}}{\sin 60^\circ},$$

所以　　　　$AC=\dfrac{8\sqrt{6}\sin 45^\circ}{\sin 60^\circ}=\dfrac{8\sqrt{6}\cdot\dfrac{\sqrt{2}}{2}}{\dfrac{\sqrt{3}}{2}}=16,$

$$BC=\dfrac{8\sqrt{6}\sin 75^\circ}{\sin 60^\circ}=\dfrac{8\sqrt{6}\cdot\dfrac{\sqrt{6}+\sqrt{2}}{4}}{\dfrac{\sqrt{3}}{2}}$$

$$=8\sqrt{3}+8.$$

【常见错误分析与防范】　注意计算$\sin A=\sin 75^\circ$时,不要误为:

$$\sin 75° = \sin(45° + 30°) = \sin 45° + \sin 30°,$$

要正确运用两角和的正弦公式 $\sin(\alpha + \beta) = \sin\alpha\cos\beta + \cos\alpha\sin\beta$ 来计算.

（23）（本小题满分 12 分）

已知数列 $\{a_n\}$ 中，$a_1 = 2$，$a_{n+1} = \frac{1}{2}a_n$.

（Ⅰ）求数列 $\{a_n\}$ 的通项公式；

（Ⅱ）若数列 $\{a_n\}$ 的前 n 项的和 $S_n = \frac{63}{16}$，求 n 的值.

【试题解析】（Ⅰ）由已知得 $a_n \neq 0$，$\frac{a_{n+1}}{a_n} = \frac{1}{2}$，所以 $\{a_n\}$ 是以 2 为首项，$\frac{1}{2}$ 为公比的等比数列，其通项公式为

$$a_n = 2\left(\frac{1}{2}\right)^{n-1}, \quad \text{即 } a_n = \frac{1}{2^{n-2}}.$$

（Ⅱ）由于等比数列的前 n 项和

$$S_n = \frac{a_1(1-q^n)}{1-q} \quad (q \neq 1),$$

由已知可得

$$\frac{63}{16} = \frac{2\left[1-\left(\frac{1}{2}\right)^n\right]}{1-\frac{1}{2}}, \quad \text{即 } \left(\frac{1}{2}\right)^n = \left(\frac{1}{2}\right)^6,$$

解得 $n = 6$.

本题考查等比数列的相关知识.

应注意 $a_n = a_1 q^{n-1}$ 和 $S_n = \frac{a_1(1-q^n)}{1-q}$，其中 q 的方幂要记准确，不要混淆.

（24）（本小题满分 12 分）

已知椭圆的离心率为 $\frac{\sqrt{5}}{3}$，且该椭圆与双曲线 $\frac{x^2}{4} - y^2 = 1$ 焦点相同，求椭圆的标准方程和准线方程.

【试题解析】双曲线 $\frac{x^2}{4} - y^2 = 1$ 的焦点坐标为 $(\sqrt{5}, 0)$，$(-\sqrt{5}, 0)$.

设椭圆方程为

$$\frac{x^2}{a^2} + \frac{y^2}{b^2} = 1 \quad (a > b > 0),$$

因为椭圆与已知双曲线的焦点相同，且椭圆的离心率为 $\frac{\sqrt{5}}{3}$，则有

$$\begin{cases} a^2 = b^2 + 5, \\ \dfrac{\sqrt{5}}{a} = \dfrac{\sqrt{5}}{3}, \end{cases} \text{解得} \begin{cases} a = 3, \\ b = 2, \end{cases}$$

所以椭圆方程为 $\dfrac{x^2}{9}+\dfrac{y^2}{4}=1$,其准线方程为 $x=\pm\dfrac{9\sqrt{5}}{5}$.

本题考查椭圆、双曲线的相关知识.

(25)(本小题满分 13 分)

设函数 $f(x)=ax+\dfrac{4}{x}$,曲线 $y=f(x)$ 在点 $P(1,a+4)$ 处切线的斜率为 -3,求:

(Ⅰ) a 的值;

(Ⅱ)函数 $f(x)$ 在区间 $[1,8]$ 的最大值与最小值.

【试题解析】　因为 $P(1,a+4)$ 满足 $f(x)=ax+\dfrac{4}{x}$,所以点 P 在曲线 $y=f(x)$ 上.

(Ⅰ) $f'(x)=a-\dfrac{4}{x^2}$,由题设知 $f'(1)=-3$,即 $a-4=-3$,所以 $a=1$.

(Ⅱ) $f'(x)=1-\dfrac{4}{x^2}$,令 $f'(x)=0$,解得 $x=\pm2$. 因为

$$f(1)=5, \quad f(2)=4, \quad f(8)=\dfrac{17}{2},$$

所以 $f(x)$ 在区间 $[1,8]$ 上的最大值为 $\dfrac{17}{2}$,最小值为 4.

本题考查导数的应用.

函数在闭区间上的最大值和最小值在区间内的极值点和端点处产生,故此题在未要求求单调区间的前提下,采用了计算极值点和端点的函数值来选取最大值和最小值,这样思维上简单一些,利于准确得出答案.

2011年成人高等学校招生全国统一考试(高中起点升本、专科)
数学(理工农医类)试题解析

第Ⅰ卷

一、选择题:本大题共17小题,每小题5分,共85分.在每小题给出的四个选项中,只有一项是符合题目要求的.

(1) 函数 $y=\sqrt{4-x^2}$ 的定义域是

(A) $(-\infty,0]$ (B) $[0,2]$ (C) $[-2,2]$ (D) $(-\infty,-2]\cup[2,+\infty)$

【答案】 (C)

【试题解析】 本题考查幂函数的定义域和简单的二次不等式知识.

$$4-x^2\geq0,即\ x^2\leq4,解得-2\leq x\leq2,$$

即 $x\in[-2,2]$,选(C).

(2) 已知向量 $\boldsymbol{a}=(2,4)$,$\boldsymbol{b}=(m,-1)$,且 $\boldsymbol{a}\perp\boldsymbol{b}$,则实数 $m=$

(A) 2   (B) 1   (C) -1 (D) -2

【答案】 (A)

【试题解析】 本题考查向量的坐标运算知识.

因为 $\boldsymbol{a}\perp\boldsymbol{b}$,则

$$\boldsymbol{a}\cdot\boldsymbol{b}=0,即\ 2m+4\cdot(-1)=0,$$

解得 $m=2$.

注意 若 $\boldsymbol{a}\perp\boldsymbol{b}$,其中 $\boldsymbol{a}=(x_1,y_1)$,$\boldsymbol{b}=(x_2,y_2)$,则 $\boldsymbol{a}\cdot\boldsymbol{b}=0$,可得 $x_1x_2+y_1y_2=0$,这个结论要记忆准确.

(3) 设角 α 是第二象限角,则

(A) $\cos\alpha<0$,且 $\tan\alpha>0$ (B) $\cos\alpha<0$,且 $\tan\alpha<0$

(C) $\cos\alpha>0$,且 $\tan\alpha<0$ (D) $\cos\alpha>0$,且 $\tan\alpha>0$

【答案】 (B)

【试题解析】 根据三角函数定义,正弦函数、余弦函数、正切函数的符号如下:

(4) 一个小组共有4名男同学和3名女同学,4名男同学的平均身高为1.72 m,3名女同学的平均身高为1.61 m,则全组同学的平均身高约为(精确到0.01 m)

(A) 1.65 m   (B) 1.66 m   (C) 1.67 m   (D) 1.68 m

【答案】 (C)

【试题解析】 本题考查统计的初步知识.

$$\frac{1.72 \times 4 + 1.61 \times 3}{3+4} = \frac{11.71}{7} \approx 1.67.$$

注意 ① 由于身高为 1.72 m 和 1.61 m 的人数不同,不可认为 $(1.72+1.61) \div 2$ 即为平均身高.

② 精确到 0.01 要实际计算到小数点后三位再四舍五入得出.

(5) 已知集合 $A = \{1,2,3,4\}$,$B = \{x \mid -1 < x < 3\}$,则 $A \cap B =$

(A) $\{0,1,2\}$ 　　　(B) $\{1,2\}$ 　　　(C) $\{1,2,3\}$ 　　　(D) $\{-1,0,1,2\}$

【答案】 (B)

【试题解析】 本题考查集合的运算.

集合 A 中的元素只有 1 和 2 满足不等式 $-1<x<3$,故答案为 $\{1,2\}$.

对非空集合 A,B 而言:$A \cap B$ 是由既属于 A,又属于 B 的元素组成,$A \cup B$ 则是由 A 和 B 的所有不同元素组成,必须区分清楚,近年试卷中基本每年都有此类题目出现.

另外,空集和任何非空集合的交集为空集,空集和任何非空集合的并集为那个非空集合,对于这些结论考生也要了解.

(6) 若直线 l 与平面 M 平行,则在平面 M 内与 l 垂直的直线

(A) 有无数条 　　　(B) 只有一条 　　　(C) 只有两条 　　　(D) 不存在

【答案】 (A)

【试题解析】 本题考查立体几何知识.

由于 l 和平面 M 平行,则在平面 M 内可找到一条和 l 平行的直线 l',在 M 内和 l' 垂直的直线都和 l 垂直,所以这样的直线有无数条,这些直线和 l 是异面垂直关系.

(7) i 为虚数单位,若 $i(m-i) = 1-2i$,则实数 $m =$

(A) 2 　　　(B) 1 　　　(C) −1 　　　(D) −2

【答案】 (D)

【试题解析】 本题考查复数知识.

$$i(m-i) = im - i^2 = im + 1 = 1 + mi,$$

即 $1+mi = 1-2i$,可得 $m = -2$.

两个复数相等,当且仅当实部等于实部,虚部等于虚部,即若 $a+bi = c+di$,必须有 $\begin{cases} a=c, \\ b=d. \end{cases}$

此内容是复数知识的重要考查内容,在考试中出现的可能性较大.

(8) 已知函数 $y=f(x)$ 是奇函数,且 $f(-5)=3$,则 $f(5)=$

(A) 5 　　　(B) 3 　　　(C) −3 　　　(D) −5

【答案】 (C)

【试题解析】 本题考查函数的奇偶性.

奇函数 $f(x)$ 满足 $f(x) = -f(-x)$,因为 $f(-5)=3$,所以

$$f(5) = -f(-5) = -3.$$

注意 函数的奇偶性是每年必考内容,相关知识考生应熟悉:偶函数的图像关于 y 轴对称,

奇函数的图像关于原点对称.

(9) 若 $\left(\dfrac{1}{a}\right)^m = 5$，则 $a^{-2m} =$

(A) $\dfrac{1}{25}$　　　　　(B) $\dfrac{2}{5}$　　　　(C) 10　　　　(D) 25

【答案】 (D)

【试题解析】 本题主要考查负指数幂的相关知识.

$$a^{-2m} = (a^{-m})^2 = \left[\left(\frac{1}{a}\right)^m\right]^2 = 25.$$

(10) $\log_4 \dfrac{1}{2} =$

(A) 2　　　　　　(B) $\dfrac{1}{2}$　　　　(C) $-\dfrac{1}{2}$　　　　(D) -2

【答案】 (C)

【试题解析】 本题考查对数运算.

$$\log_4 \frac{1}{2} = \log_4 2^{-1} = \log_4 4^{-\frac{1}{2}} = -\frac{1}{2}.$$

注意　对数运算中常用到结论：

$$\log_a a = 1,\ \log_a 1 = 0.$$

本题还用到了

$$\log_a b^n = n\log_a b\ \left(在本题中为 \log_4 4^{-\frac{1}{2}} = -\frac{1}{2}\log_4 4 = -\frac{1}{2}\right).$$

(11) 已知 25 与实数 m 的等比中项是 1，则 $m =$

(A) $\dfrac{1}{25}$　　　　(B) $\dfrac{1}{5}$　　　　(C) 5　　　　(D) 25

【答案】 (A)

【试题解析】 本题考查等比数列知识.

依题意有

$$1^2 = 25m,\ 易知\ m = \frac{1}{25}.$$

注意　本题运用了等比中项公式，即若 $a:b = b:c$，则 $b^2 = ac$.

(12) 已知正三棱锥 $P\text{-}ABC$ 的体积为 3，底面边长为 $2\sqrt{3}$，则该三棱锥的高为

(A) 3　　　　　(B) $\sqrt{3}$　　　　(C) $\dfrac{\sqrt{3}}{2}$　　　　(D) $\dfrac{\sqrt{3}}{3}$

【答案】 (B)

【试题解析】 本题考查正棱锥的相关知识.

若正三棱锥底面正三角形的边长为 a，则底面正三角形的面积为 $\dfrac{\sqrt{3}}{4}a^2$，本题中即为 $a = 2\sqrt{3}$ 的情况. 若设该三棱锥的高为 h，则有

$$V_{P-ABC}=\frac{1}{3}S_{底}\cdot h=\frac{1}{3}\cdot\frac{\sqrt{3}}{4}(2\sqrt{3})^2\cdot h=3,$$

解得 $h=\sqrt{3}$.

注意　边长为 a 的正三角形面积为 $\frac{\sqrt{3}}{4}a^2$,边长为 a 的正四边形面积为 a^2.

(13) 曲线 $y=2x^2+3$ 在点 $(-1,5)$ 处切线的斜率是

(A) 4　　　　　　(B) 2　　　　　　(C) −2　　　　　　(D) −4

【答案】　(D)

【试题解析】　本题考查导数知识.

点 $(-1,5)$ 在曲线 $y=2x^2+3$ 上. 因为 $y'=4x$,则 $y'(-1)=-4$,即所求切线斜率为 −4.

注意　曲线上一点的切线的斜率,就是该曲线对应函数在该点处的导数值.

(14) 函数 $y=\dfrac{1}{x+2}$ $(x\neq-2)$ 的反函数的图像经过点

(A) $\left(\dfrac{1}{4},2\right)$　　　(B) $\left(\dfrac{1}{4},\dfrac{4}{9}\right)$　　　(C) $\left(4,\dfrac{1}{6}\right)$　　　(D) $\left(2,\dfrac{1}{4}\right)$

【答案】　(A)

【试题解析】　本题考查反函数知识.

由 $y=\dfrac{1}{x+2}$ 得 $x=\dfrac{1}{y}-2$,再用 x 换 y,y 换 x,得其反函数 $y=\dfrac{1}{x}-2$. 将上述选项分别代入验证,可知(A)正确.

注意　本题也可将各选项中点的 x,y 坐标互换后,再代入原函数进行检验.

(15) 下列函数中,既是偶函数,又在区间 $(0,3)$ 内为减函数的是

(A) $y=\cos x$　　　(B) $y=\log_2 x$　　　(C) $y=x^2-4$　　　(D) $y=\left(\dfrac{1}{3}\right)^x$

【答案】　(A)

【试题解析】　本题考查基本初等函数的奇偶性和单调性.

$y=\cos x$ 是偶函数,且在 $(0,\pi)$ 内为减函数,所以在 $(0,3)$ 内也是减函数,(A)是本题答案.

$y=\log_2 x$ 和 $y=\left(\dfrac{1}{3}\right)^x$ 均为非奇非偶函数;$y=x^2-4$ 虽为偶函数,但在 $(0,3)$ 内为增函数.

注意　此类题目在成人高考中年年必有,考生要注意练习.

(16) 一位篮球运动员投篮两次,若两投全中得 2 分,若两投一中得 1 分,若两投全不中得 0 分.已知该运动员两投全中的概率为 0.375,两投一中的概率为 0.5,则他投篮两次得分的期望值是

(A) 1.625　　　(B) 1.5　　　(C) 1.325　　　(D) 1.25

【答案】　(D)

【试题解析】　本题考查期望知识.

记该篮球运动员投篮两次所得分数为 A,则 A 的分布列如下:

A	0	1	2
$P(A)$	x	0.5	0.375

由于 $x+0.5+0.375=1$，解得 $x=0.125$，
所以所求期望值为
$$E(A)=0\times0.125+1\times0.5+2\times0.375$$
$$=1.25.$$

注意　此事件中，得 0 分、1 分和 2 分是事件的所有可能结果，故其对应的概率值的和为 1.

（17）已知 A,B 是抛物线 $y^2=8x$ 上两点，且此抛物线的焦点在线段 AB 上，若 A,B 两点的横坐标之和为 10，则 $|AB|=$

（A）18　　　　　（B）14　　　　　（C）12　　　　　（D）10

【答案】　（B）

【试题解析】　本题考查抛物线知识.

$y^2=8x$ 的准线方程为 $x=-2$. 由于直线 AB 过焦点 F，所以 $|AB|=|AF|+|BF|$. 设 $A(x_1,y_1)$，$B(x_2,y_2)$，则有
$$|AF|=x_1+2,\quad |BF|=x_2+2,$$
所以 $|AB|=x_1+x_2+4$
$$=10+4=14.$$

注意　抛物线上任意一点到焦点和到准线的距离相等，所以题目中常用这个结论进行转化. 这是一个重要的知识点，常用来命题.

第 II 卷

二、填空题：本大题共 4 小题，每小题 4 分，共 16 分.

（18）若向量 $\boldsymbol{a}=(2,1,-2)$，$\boldsymbol{b}=(-1,2,2)$，则 $\cos\langle\boldsymbol{a},\boldsymbol{b}\rangle=$ _____.

【答案】　$-\dfrac{4}{9}$

【试题解析】　本题考查空间向量数量积的相关知识.
$$\cos\langle\boldsymbol{a},\boldsymbol{b}\rangle=\frac{\boldsymbol{a}\cdot\boldsymbol{b}}{|\boldsymbol{a}||\boldsymbol{b}|}=\frac{2\times(-1)+1\times2+(-2)\times2}{\sqrt{2^2+1^2+(-2)^2}\sqrt{(-1)^2+2^2+2^2}}$$
$$=\frac{-4}{3\times3}=-\frac{4}{9}.$$

注意　空间向量的计算可和平面向量类比记忆.

（19）已知球的一个小圆的半径为 2，小圆圆心到球心的距离为 $\sqrt{5}$，则这个球的表面积为 _____.

【答案】　36π

【试题解析】　本题考查球的表面积公式.

小圆的半径 r 和小圆圆心与球心的距离 d 以及球的半径 R 构成直角三角形，从而有
$$R^2=d^2+r^2=2^2+(\sqrt{5})^2,$$
解得 $R=3$，所以球的表面积
$$S=4\pi R^2=36\pi.$$

注意 此题中小圆半径、球心与小圆圆心的距离和球的半径间构成直角三角形,这一知识内容在平面解析几何涉及圆的方程时也常考查,是重要的考查内容.

(20) $(x-\sqrt{x})^6$ 的展开式中,含 x^4 项的系数是_____.

【答案】 15

【试题解析】 本题考查二项式定理.

$(a+b)^n$ 的展开式中

$$T_{k+1}=C_n^k a^{n-k} b^k,$$

所以 $(x-\sqrt{x})^6$ 的展开式中,有

$$T_{k+1}=C_6^k x^{6-k}(-\sqrt{x})^k=C_6^k x^{6-k} x^{\frac{k}{2}}(-1)^k.$$

令 $6-k+\dfrac{k}{2}=4$,解得 $k=4$,所以含 x^4 项的系数为

$$(-1)^4 C_6^4=C_6^2=15.$$

注意 二项式定理在近年的成人高考中,多是通过考查通项来实现的,考生必须牢记.

(21) 张宏等 5 名志愿者分成两组,一组 2 人,另一组 3 人,则张宏被分在人数较多的一组的分法共有_____种.

【答案】 6

【试题解析】 本题考查排列组合知识.

将张宏分配到 3 人组,该组只需从除张宏外的 4 人中选 2 人给这个组,分组的方法就确定了,即有 $C_4^2=6$ 种分法.

三、解答题:本大题共 4 小题,共 49 分.解答应写出推理、演算步骤.

(22)(本小题满分 12 分)

已知角 α 的顶点在坐标原点,始边在 x 轴正半轴上,点 $(1,2\sqrt{2})$ 在 α 的终边上.

(Ⅰ)求 $\sin\alpha$ 的值;

(Ⅱ)求 $\cos 2\alpha$ 的值.

【试题解析】 本题考查三角函数定义及二倍角公式.

(Ⅰ)根据 $$\sin\alpha=\frac{y}{r}, r=\sqrt{1^2+(2\sqrt{2})^2}=3,$$

可得 $$\sin\alpha=\frac{2\sqrt{2}}{3}.$$

(Ⅱ) $$\cos 2\alpha=1-2\sin^2\alpha=1-2\times\left(\frac{2\sqrt{2}}{3}\right)^2$$
$$=-\frac{7}{9}.$$

注意 本题第(Ⅱ)问 $\cos 2\alpha$ 的求法,还有公式 $\cos 2\alpha=\cos^2\alpha-\sin^2\alpha$ 和 $\cos 2\alpha=2\cos^2\alpha-1$ 可选用.显然,由于第(Ⅰ)问求 $\sin\alpha$,直接用此结论计算更简捷,因此,(Ⅰ)的计算结果一定要正确.

(23)(本小题满分 12 分)

已知等差数列 $\{a_n\}$ 的首项与公差相等,$\{a_n\}$ 的前 n 项的和记作 S_n,且 $S_{20}=840$.

（Ⅰ）求数列 $\{a_n\}$ 的首项 a_1 及通项公式；

（Ⅱ）数列 $\{a_n\}$ 的前多少项的和等于 84？

【试题解析】　本题考查等差数列知识.

（Ⅰ）已知等差数列的公差 $d=a_1$，根据公式

$$S_n=na_1+\frac{n(n-1)}{2}d,$$

可得

$$S_{20}=20a_1+190a_1=840,$$

解得 $a_1=4$，所以 $d=a_1=4$，从而有

$$a_n=4+(n-1)\times4=4n,$$

即数列 $\{a_n\}$ 的通项公式为 $a_n=4n$.

（Ⅱ）由数列 $\{a_n\}$ 的前 n 项和公式

$$S_n=\frac{(a_1+a_n)n}{2},$$

有

$$S_n=\frac{n(4+4n)}{2}=2n^2+2n.$$

令

$$2n^2+2n=84,\ 即\ n^2+n-42=0,$$

解得 $n=-7$（舍）和 $n=6$，所以数列 $\{a_n\}$ 的前 6 项的和等于 84.

（24）（本小题满分 12 分）

设椭圆 $\frac{x^2}{2}+y^2=1$ 在 y 轴正半轴上的顶点为 M，右焦点为 F，延长线段 MF 与椭圆交于 N.

（Ⅰ）求直线 MF 的方程；

（Ⅱ）若该椭圆长轴的两端点为 A,B，求四边形 $AMBN$ 的面积.

【试题解析】　本题考查椭圆知识，考查直线和椭圆的位置关系.

（Ⅰ）椭圆 $\frac{x^2}{2}+y^2=1$ 的上顶点为 $M(0,1)$，右焦点为 $F(1,0)$.

根据两点 (x_1,y_1) 和 (x_2,y_2) 间的斜率公式

$$k=\frac{y_1-y_2}{x_1-x_2},$$

可得直线 MF 的斜率为

$$k=\frac{0-1}{1-0}=-1,$$

所以直线 MF 的方程为

$$y=-x+1.$$

（Ⅱ）联立直线方程和椭圆方程：

$$\begin{cases}y=-x+1, & ① \\ \frac{x^2}{2}+y^2=1, & ②\end{cases}$$

将①代入②，得

$$x^2+2(-x+1)^2-2=0,\ 即\ 3x^2-4x=0,$$

解得
$$\begin{cases} x_1 = 0, \\ y_1 = 1, \end{cases} \quad \begin{cases} x_2 = \dfrac{4}{3}, \\ y_2 = -\dfrac{1}{3}, \end{cases}$$

所以
$$M(0,1), \quad N\left(\frac{4}{3}, -\frac{1}{3}\right), \quad |AB| = 2a = 2\sqrt{2},$$

从而四边形 $AMBN$ 的面积

$$S = \frac{1}{2}|AB|(|y_1| + |y_2|)$$

$$= \frac{1}{2} \cdot 2\sqrt{2} \cdot \left(1 + \frac{1}{3}\right)$$

$$= \frac{4\sqrt{2}}{3}.$$

(25)(本小题满分 13 分)

已知函数 $f(x) = x^3 - 4x^2$.

(Ⅰ)确定函数 $f(x)$ 在哪个区间是增函数,在哪个区间是减函数;

(Ⅱ)求证:若 $2 < x_1 < x_2$,则 $x_1 f(x_2) > x_2 f(x_1)$.

【试题解析】 本题考查导数的应用.

(Ⅰ) $f'(x) = 3x^2 - 8x$.

令 $f'(x) = 3x^2 - 8x = 0$,解得 $x_1 = 0, x_2 = \dfrac{8}{3}$.

当 $x \in (-\infty, 0)$ 或 $x \in \left(\dfrac{8}{3}, +\infty\right)$ 时 $f'(x) > 0$,当 $x \in \left(0, \dfrac{8}{3}\right)$ 时 $f'(x) < 0$,从而得出:$f(x)$ 在区间 $(-\infty, 0), \left(\dfrac{8}{3}, +\infty\right)$ 内是增函数;在区间 $\left(0, \dfrac{8}{3}\right)$ 内是减函数.

(Ⅱ)当 $x > 2$ 时,设 $g(x) = \dfrac{f(x)}{x}$,则

$$g(x) = x^2 - 4x, \quad g'(x) = 2x - 4.$$

当 $x > 2$ 时,$g'(x) > 0$,所以 $g(x)$ 在区间 $(2, +\infty)$ 内为增函数,因此 $2 < x_1 < x_2$ 时,

$$g(x_2) > g(x_1), \quad 即 \frac{f(x_2)}{x_2} > \frac{f(x_1)}{x_1},$$

所以 $x_1 f(x_2) > x_2 f(x_1)$.

注意 第(Ⅰ)问中,由于 $f(x)$ 的定义域是一切实数,所以单调增区间也可写为 $(-\infty, 0]$,$\left[\dfrac{8}{3}, +\infty\right)$;单调减区间也可以写成 $\left[0, \dfrac{8}{3}\right]$. 一般写成开区间.

2012年成人高等学校招生全国统一考试(高中起点升本、专科)
数学(理工农医类)试题解析

第 I 卷

一、选择题:本大题共17小题,每小题5分,共85分.在每小题给出的四个选项中,只有一项是符合题目要求的.

(1) 设集合 $M=\{-1,0,1,2,8\}$, $N=\{x|x\leq 2\}$,则 $M\cap N=$

(A) $\{0,1,2\}$　　　　　　　　(B) $\{-1,0,1\}$

(C) $\{-1,0,1,2\}$　　　　　　(D) $\{0,1\}$

【答案】　(C)

【试题解析】　本题考查集合知识.

所求 $M\cap N$ 即是在 M 中找出所有满足条件 $x\leq 2$ 的元素,易知 $\{-1,0,1,2\}$ 满足条件.

(2) 已知 $a>0$, $a\neq 1$,则 $a^0+\log_a a=$

(A) a　　　　(B) 2　　　　(C) 1　　　　(D) 0

【答案】　(B)

【试题解析】　本题考查对数和指数知识.

由于 $a\neq 0$ 时有 $a^0=1$,而 $a>0$ 且 $a\neq 1$ 时 $\log_a a=1$,所以 $a^0+\log_a a=2$.

(3) $\cos\dfrac{7}{6}\pi=$

(A) $\dfrac{\sqrt{3}}{2}$　　(B) $\dfrac{1}{2}$　　(C) $-\dfrac{1}{2}$　　(D) $-\dfrac{\sqrt{3}}{2}$

【答案】　(D)

【试题解析】　本题考查三角函数知识.

$$\cos\frac{7\pi}{6}=\cos\left(\pi+\frac{\pi}{6}\right)=-\cos\frac{\pi}{6}=-\frac{\sqrt{3}}{2}.$$

应用诱导公式化简,要注意"奇变偶不变,符号看象限"的含义."奇变"的"奇"是指 $\dfrac{\pi}{2}$ 的奇数倍,"符号看象限",一定要看原来的角和原来函数的符号.

本题中"π"是"$\dfrac{\pi}{2}$"的偶数倍,故函数名前后都是相同的;符号是由 $\dfrac{7\pi}{6}$ 在第三象限,而第三象限角的余弦为负决定的.

(4) 函数 $y=\sin 2x\cos 2x$ 的最小正周期是

(A) 6π　　　　(B) 2π　　　　(C) $\dfrac{\pi}{2}$　　　　(D) $\dfrac{\pi}{4}$

【答案】　(C)

【试题解析】 本题考查三角函数的周期性.

$$y = \sin 2x \cos 2x = \frac{1}{2}(2\sin 2x \cos 2x) = \frac{1}{2}\sin 4x,$$

$$T = \frac{2\pi}{4} = \frac{\pi}{2}.$$

求三角函数周期的题目,要把所给函数化成某一个正弦函数、余弦函数或正切函数,比如 $y = A\sin(\omega x + \varphi)(\omega > 0)$ 的形式,其周期为 $\dfrac{2\pi}{\omega}$.

(5) 设甲:$x = 1$,乙:$x^2 - 3x + 2 = 0$,则

(A) 甲是乙的必要条件,但不是乙的充分条件

(B) 甲是乙的充分条件,但不是乙的必要条件

(C) 甲不是乙的充分条件,也不是乙的必要条件

(D) 甲是乙的充分必要条件

【答案】 （B）

【试题解析】 本题考查充分必要条件.

应用"箭头"判定方法:

$$x = 1 \Rightarrow x^2 - 3x + 2 = 0,$$

所以甲是乙的充分条件.

事实上

$$\{x \mid x^2 - 3x + 2 = 0\} = \{1, 2\},$$

而

$$\{x \mid x = 1\} = \{1\}, \{1\} \subsetneqq \{1, 2\}.$$

一般地,两个非空集合如果有包含关系,子集对全集具有充分性.

(6) 下列函数中,为偶函数的是

(A) $y = 3x^2 - 1$　　　　(B) $y = x^3 - 3$　　　　(C) $y = 3^x$　　　　(D) $y = \log_3 x$

【答案】 （A）

【试题解析】 本题考查函数的奇偶性知识.

函数满足 $f(x) = f(-x)$ 才为偶函数.

(B)和(C)都是非奇非偶函数,选用 $x = -1$ 试验即可;(D)在 $x \leqslant 0$ 时函数无意义,也无奇偶性;而(A)中,$f(-x) = 3(-x)^2 - 1 = 3x^2 - 1 = f(x)$,满足偶函数定义.

【常见错误分析与防范】 注意 $3^{-x} = \dfrac{1}{3^x}$,而 $3^{-x} \neq -3^x$.

(7) 已知点 $A(-4, 2)$,$B(0, 0)$,则线段 AB 的垂直平分线的斜率为

(A) -2　　　　(B) $-\dfrac{1}{2}$　　　　(C) $\dfrac{1}{2}$　　　　(D) 2

【答案】 （D）

【试题解析】 本题考查直线之间的位置关系和直线斜率的相关知识.

A, B 两点间的斜率为

$$\frac{y_A - y_B}{x_A - x_B} = \frac{2}{-4} = -\frac{1}{2},$$

所以线段 AB 的垂直平分线的斜率应为 2.

两条直线互相垂直,若它们的斜率存在,则其斜率互为负倒数;

两条直线互相平行,若它们的斜率存在,则其斜率相等.

直线的垂直和平行是常考的内容.

(8) 复数 $\dfrac{2\mathrm{i}}{1-\mathrm{i}}=$

(A) $1+\mathrm{i}$ 　　　　(B) $1-\mathrm{i}$ 　　　　(C) $-1-\mathrm{i}$ 　　　　(D) $-1+\mathrm{i}$

【答案】　(D)

【试题解析】　本题考查复数的运算.

$$\frac{2\mathrm{i}}{1-\mathrm{i}}=\frac{2\mathrm{i}(1+\mathrm{i})}{(1-\mathrm{i})(1+\mathrm{i})}=\mathrm{i}(1+\mathrm{i})$$
$$=-1+\mathrm{i}.$$

本题计算时应实数化分母:

$$(1-\mathrm{i})(1+\mathrm{i})=1-\mathrm{i}^2=1-(-1)=2.$$

i 的方幂具有周期性,应熟知:

$$\mathrm{i}^1=\mathrm{i},\quad \mathrm{i}^2=-1,\quad \mathrm{i}^3=-\mathrm{i},\quad \mathrm{i}^4=1.$$

(9) 若向量 $\boldsymbol{a}=(1,m)$,$\boldsymbol{b}=(-2,4)$,且 $\boldsymbol{a}\cdot\boldsymbol{b}=-10$,则 $m=$

(A) -4 　　　　(B) -2 　　　　(C) 1 　　　　(D) 4

【答案】　(B)

【试题解析】　本题考查向量的运算.

向量的数量积:若 $\boldsymbol{a}=(x_1,y_1)$,$\boldsymbol{b}=(x_2,y_2)$,则 $\boldsymbol{a}\cdot\boldsymbol{b}=x_1x_2+y_1y_2$.

本题依据上述算法,得

$$(1,m)\cdot(-2,4)=-10,即-2+4m=-10,$$

解得 $m=-2$.

(10) $\left(x-\dfrac{2}{x}\right)^5$ 展开式中,x 的系数为

(A) 40 　　　　(B) 20 　　　　(C) 10 　　　　(D) 5

【答案】　(A)

【试题解析】　本题考查二项式定理.

$\left(x-\dfrac{2}{x}\right)^5$ 的展开式中,第 k 项为

$$T_{k+1}=\mathrm{C}_5^k x^{5-k}\left(-\frac{2}{x}\right)^k.$$

令 $x^{5-k}\left(\dfrac{1}{x}\right)^k=x^1$,即 $5-2k=1$,解得 $k=2$,所以 x 的系数为

$$\mathrm{C}_5^2(-2)^2=10\times4=40.$$

(11) 已知空间直角坐标系中三点 $A(0,1,0)$,$M(\sqrt{2},1,0)$,$N(0,3,\sqrt{2})$,O 为坐标原点,则直线 OA 与 MN 所成角的余弦值为

(A) $\dfrac{\sqrt{6}+\sqrt{2}}{4}$　　　　　(B) $\dfrac{\sqrt{3}}{2}$　　　　　(C) $\dfrac{\sqrt{2}}{2}$　　　　　(D) 0

【答案】　(C)

【试题解析】　本题考查向量的数量积及向量所成角的相关知识.

设 $\overrightarrow{OA}$ 和 $\overrightarrow{MN}$ 所成角为 α,则有

$$\cos\alpha = \frac{\overrightarrow{OA}\cdot\overrightarrow{MN}}{|\overrightarrow{OA}|\cdot|\overrightarrow{MN}|} = \frac{(0,1,0)\cdot(-\sqrt{2},2,\sqrt{2})}{\sqrt{0^2+1^2+0^2}\sqrt{(-\sqrt{2})^2+2^2+(\sqrt{2})^2}}$$

$$= \frac{2}{\sqrt{8}} = \frac{\sqrt{2}}{2},$$

即直线 OA 与 MN 所成角的余弦值为 $\dfrac{\sqrt{2}}{2}$.

(12) 已知一个等差数列的首项为 1,公差为 3,那么该数列的前 5 项和为

(A) 35　　　　　(B) 30　　　　　(C) 20　　　　　(D) 10

【答案】　(A)

【试题解析】　本题考查等差数列的相关知识.

解法1　由已知条件可写出前 5 项为

$$1,\quad 4,\quad 7,\quad 10,\quad 13,$$

其和为 35.

解法2　等差数列的前 n 项和公式为

$$S_n = na_1 + \frac{n(n-1)d}{2},$$

所以

$$S_5 = 5\times1 + \frac{5\times(5-1)\times3}{2} = 35.$$

解法 2 应用等差数列的前 n 项和公式,是很重要的基础知识.

(13) 函数 $y=\lg(x^2-1)$ 的定义域是

(A) $(-\infty,-1]\cup[1,+\infty)$ 　　　　　(B) $(-1,1)$

(C) $(-\infty,-1)\cup(1,+\infty)$ 　　　　　(D) $[-1,1]$

【答案】　(C)

【试题解析】　本题考查对数函数的定义域和简单不等式的求解.

对数函数 $y=\lg x$ 的定义域为 $\{x\mid x>0\}$,所以本题中函数的定义域为

$$\{x\mid x^2-1>0\},\quad 即\ \{x\mid x>1\ 或\ x<-1\},$$

选(C).

(14) 使 $\log_2 a > \log_3 27$ 成立的 a 的取值范围是

(A) $(0,+\infty)$ 　　　　　　　　　　(B) $(3,+\infty)$

(C) $(9,+\infty)$ 　　　　　　　　　　(D) $(8,+\infty)$

【答案】　(D)

【试题解析】　本题考查对数函数的单调性和简单的对数计算.

$$\log_2 a > \log_3 27 = 3,$$

所以　　　　　　　　　　　　　　　　$a>2^3=8$,

即 a 的取值范围是 $(8,+\infty)$.

（15）在长方体 $ABCD-A_1B_1C_1D_1$ 中, $AB=BC=1$, $CC_1=2$, 则 $AC_1=$

(A) $\sqrt{2}$　　　　　　　　　　　　　　　(B) 2

(C) $\sqrt{5}$　　　　　　　　　　　　　　　(D) $\sqrt{6}$

【答案】 （D）

【试题解析】 根据长方体的性质易知 AC_1 为对角线长, 即

$$AC_1^2=CC_1^2+AC^2=AB^2+BC^2+CC_1^2$$
$$=1^2+1^2+2^2=6,$$

所以 $AC_1=\sqrt{6}$.

（16）函数 $y=2\log_2 x\ (x>0)$ 的反函数为

(A) $y=2^{\sqrt{x}}\ (x\geqslant 0)$　　　　　　　(B) $y=\sqrt{2^x}\ (x\in\mathbf{R})$

(C) $y=2^{x-1}\ (x\in\mathbf{R})$　　　　　　(D) $y=2^{x+1}\ (x\in\mathbf{R})$

【答案】 （B）

【试题解析】 由 $y=2\log_a x$ 得 $\dfrac{y}{2}=\log_a x$, 即 $x=2^{\frac{y}{2}}=\sqrt{2^y}$.

x 换成 y, y 换成 x, 即得反函数 $y=\sqrt{2^x}\ (x\in\mathbf{R})$.

求反函数的一般方法:

①"倒", 即用 y 的数学式表示 x;

②"换", 将"倒"出式中的 x 换成 y, y 换成 x;

③"注", 即将原函数的值域注为反函数的定义域.

（17）从 6 位同学中任意选出 4 位参加公益活动, 不同的选法共有

(A) 30 种　　　　(B) 15 种　　　　(C) 10 种　　　　(D) 6 种

【答案】 （B）

【试题解析】 本题考查排列组合的相关知识.

依题意, 不同选法总数为 C_6^4.

应用组合性质可得

$$C_6^4=C_6^{6-4}=C_6^2=\frac{6\times 5}{2\times 1}=15.$$

考生要牢记排列组合的基本公式及计算方法.

第Ⅱ卷

二、填空题:本大题共 4 小题,每小题 4 分,共 16 分.

（18）圆 $x^2+y^2+2x-8y+8=0$ 的半径为 _____.

【答案】 3

【试题解析】 本题考查圆的方程.

$$x^2+y^2+2x-8y+8=(x^2+2x+1)+(y^2-8y+16)-9=0,$$

即
$$(x+1)^2+(y-4)^2=9,$$

所以半径为 3.

求解圆的圆心坐标和半径，只需将所给方程配方，转化为标准式 $(x-a)^2+(y-b)^2=r^2$ 即可得解.

（19）圆锥的底面半径为 $4\sqrt{2}$，高为 3，底面圆的一条弦长为 8，则圆锥顶点到这条弦所在直线的距离为 _____.

【答案】 5

【试题解析】 本题考查立体几何知识.

如右图所示，依已知条件可得

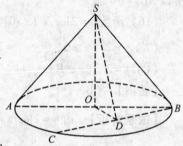

$$SO=3,\ OA=OB=4\sqrt{2},\ CB=8.$$

取 CB 中点 D，连接 OD，由垂径定理得 $OD\perp CB$.

又因为 $SO\perp$ 面 ABC，所以 $CB\perp SO$，由 $SO\cap OD=O$ 知 $CB\perp$ 面 SOD，从而有 $CB\perp SD$，即 SD 为所求的距离.

根据 $BC=8$，得 $BD=4$，再由 $BO=4\sqrt{2}$ 得 $OD=4$，从而有

$$SD=\sqrt{OD^2+SO^2}=\sqrt{3^2+4^2}=5.$$

（20）曲线 $y=mx^3+1$ 在点 $(1,1+m)$ 处切线的斜率为 3，则 $m=$ _____.

【答案】 1

【试题解析】 本题考查导数的应用.

对 $y=mx^3+1$ 求导，得 $y'=3mx^2$.

因为曲线在点 $(1,1+m)$ 处切线的斜率为 3，所以

$$3=3m\cdot 1,\ 解得\ m=1.$$

导数的几何意义：曲线上某点处的导数，即是曲线在此点切线的斜率. 这是成人高考每年的必考内容.

（21）已知某位射击运动员一枪射中环数 ξ 的分布列为

ξ	7	8	9	10
P	0.1	0.6	0.2	0.1

则 $E\xi=$ _____.

【答案】 8.3

【试题解析】 本题考查数学期望的求法.

根据公式得

$$E\xi=7\times0.1+8\times0.6+9\times0.2+10\times0.1$$
$$=8.3.$$

数学期望和方差是重要考点，其公式考生一定要记住.

若分布列为

ξ	x_1	x_2	$\cdots$	x_n
P	p_1	p_2	$\cdots$	p_n

其中 $p_1+p_2+\cdots+p_n=1$，且 $p_i\geqslant 0$，$i=1,2,\cdots,n$.

数学期望为

$$E\xi=x_1p_1+x_2p_2+\cdots+x_np_n;$$

记 $E\xi=\bar{x}$，则方差为

$$s^2=\frac{1}{n}\left[(x_1-\bar{x})^2+(x_2-\bar{x})^2+\cdots+(x_n-\bar{x})^2\right].$$

三、解答题：本大题共 4 小题，共 49 分. 解答应写出推理、演算步骤.

（22）（本小题满分 12 分）

已知 $\triangle ABC$ 中，$\sin A=\sin B\cos C$.

（Ⅰ）求 B；

（Ⅱ）若 $AB=8$，$BC=4$，M 为 AB 边的中点，求 $\cos\angle ACM$.

【试题解析】 （Ⅰ）在 $\triangle ABC$ 中，$A=180°-(B+C)$，所以

$$\sin A=\sin\left[180°-(B+C)\right].$$

根据诱导公式得

$$\sin A=\sin(B+C)$$
$$=\sin B\cos C+\cos B\sin C.$$

由已知 $\sin A=\sin B\cos C$ 得 $\cos B\sin C=0$. 又因为 $\sin C>0$，故

$$\cos B=0，即 B=90°.$$

（Ⅱ）如图所示. 由 M 为 AB 边的中点，$AB=8$，得

$$AM=MB=4,$$

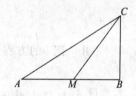

所以　　　　　$MC=\sqrt{MB^2+BC^2}=4\sqrt{2}$，$AC=\sqrt{CB^2+AB^2}=4\sqrt{5}$，

在 $\triangle AMC$ 中，根据余弦定理，有

$$\cos\angle ACM=\frac{AC^2+MC^2-AM^2}{2\cdot AC\cdot MC}$$

$$=\frac{(4\sqrt{2})^2+(4\sqrt{5})^2-4^2}{2\times 4\sqrt{2}\times 4\sqrt{5}}$$

$$=\frac{3\sqrt{10}}{10}.$$

（23）（本小题满分 12 分）

已知等比数列 $\{a_n\}$ 中，$a_1a_2a_3=27$.

（Ⅰ）求 a_2；

（Ⅱ）若 $\{a_n\}$ 的公比 $q>1$，且 $a_1+a_2+a_3=13$，求 $\{a_n\}$ 的前 8 项和.

【试题解析】 （Ⅰ）因为 $\{a_n\}$ 为等比数列，所以 $a_1a_3=a_2^2$. 又 $a_1a_2a_3=27$，可得 $a_2^3=27$，所以 $a_2=3$.

（Ⅱ）由（Ⅰ）和已知得

$$\begin{cases} a_1 + a_3 = 10, \\ a_1 a_3 = 9, \end{cases} \text{解得 } a_1 = 1 \text{ 或 } a_1 = 9.$$

由 $a_2 = 3$ 得

$$\begin{cases} a_1 = 9, \\ q = \dfrac{1}{3} \end{cases} (\text{舍去}) \text{ 或 } \begin{cases} a_1 = 1, \\ q = 3. \end{cases}$$

根据等比数列的前 n 项和公式

$$S_n = \frac{a_1(1 - q^n)}{1 - q},$$

知 $\{a_n\}$ 的前 8 项和为

$$S_8 = \frac{1 \times (1 - 3^8)}{1 - 3} = 3\ 280.$$

(24)(本小题满分 12 分)

已知过点 $(0,4)$,斜率为 -1 的直线 l 与抛物线 $C: y^2 = 2px$ $(p>0)$ 交于 A, B 两点.

(Ⅰ)求 C 的顶点到 l 的距离;

(Ⅱ)若线段 AB 中点的横坐标为 6,求 C 的焦点坐标.

【试题解析】 (Ⅰ)由已知得直线 l 的方程为 $x + y - 4 = 0$,C 的顶点坐标为 $O(0,0)$.

根据点 (x_0, y_0) 到直线 $Ax + By + C = 0$ 的距离公式

$$d = \frac{|Ax_0 + By_0 + C|}{\sqrt{A^2 + B^2}},$$

知 O 到 l 的距离为

$$d = \frac{|0 + 0 - 4|}{\sqrt{2}} = 2\sqrt{2}.$$

(Ⅱ)把 l 的方程代入 C 的方程得

$$x^2 - (8 + 2p)x + 16 = 0.$$

设 $A(x_1, y_1)$,$B(x_2, y_2)$,则 x_1, x_2 满足上述方程,故

$$x_1 + x_2 = 8 + 2p,$$

又 $\dfrac{x_1 + x_2}{2} = 6$,可得

$$\frac{8 + 2p}{2} = 6, \text{解得 } p = 2,$$

所以 C 的焦点坐标为 $(1,0)$.

若一元二次方程 $ax^2 + bx + c = 0$ 有两个实根 x_1 和 x_2,则

$$x_1 + x_2 = -\frac{b}{a}, \quad x_1 x_2 = \frac{c}{a}.$$

应用此结论解题是考生需知应会的重要内容.

(25)(本小题满分 13 分)

已知函数 $f(x) = \mathrm{e}^x - \mathrm{e}^2 x$.

（Ⅰ）求 $f(x)$ 的单调区间，并说明它在各区间的单调性；

（Ⅱ）求 $f(x)$ 在区间 $[0,3]$ 的最大值和最小值.

【试题解析】　（Ⅰ）由已知可得 $f'(x)=e^x-e^2$，令 $f'(x)=0$，得 $x=2$.

当 $x\in(-\infty,2)$ 时，$f'(x)<0$；当 $x\in(2,+\infty)$ 时，$f'(x)>0$. 故 $f(x)$ 的单调区间为 $(-\infty,2)$ 和 $(2,+\infty)$；它在 $(-\infty,2)$ 内为减函数，在 $(2,+\infty)$ 内为增函数.

（Ⅱ）由（Ⅰ）知 $f(x)$ 在 $x=2$ 处有极小值 $f(2)=-e^2$. 又

$$f(0)=1,\ f(3)=e^2(e-3),$$

因此 $f(x)$ 在区间 $[0,3]$ 的最大值为 1，最小值为 $-e^2$.